Gurme Çin Lezzetlerin Sırrı

Selin Yılmaz

Içindekiler

3

giriiş

Yemek yapmayı seven herkes yeni yemekler ve yeni tatlar denemeyi sever. Çin mutfağı son yıllarda oldukça popüler hale geldi çünkü zevkinize göre farklı tatlar sunuyor. Yemeklerin çoğu ocakta pişirilir ve birçoğu hızlı bir şekilde hazırlanıp pişirilir; bu da onları, az zaman kaldığında iştah açıcı ve çekici bir yemek yaratmak isteyen meşgul aşçılar için ideal kılar. Eğer gerçekten Çin yemekleriyle ilgileniyorsanız, muhtemelen zaten bir wok'unuz vardır ve bu, kitaptaki yemeklerin çoğunu pişirmek için mükemmel bir alettir. Bu pişirme tarzının size uygun olduğuna hâlâ ikna olmadıysanız, tarifleri denemek için iyi bir tava veya tencere kullanın. Hazırlanmasının ne kadar kolay, yemenin ne kadar lezzetli olduğunu keşfettiğinizde mutfağınız için mutlaka bir wok tavaya yatırım yapmak isteyeceksiniz.

Köri soslu çıtır dana eti

4 kişi için

1 çırpılmış yumurta

15 ml / 1 yemek kaşığı mısır unu (mısır nişastası)

5 ml / 1 çay kaşığı karbonat (karbonat)

15 ml / 1 yemek kaşığı pirinç şarabı veya sek şeri

15 ml / 1 yemek kaşığı soya sosu

225g/8oz yağsız sığır eti, dilimlenmiş

90 ml / 6 yemek kaşığı sıvı yağ

100g/4oz köri ezmesi

Yumurta, mısır nişastası, kabartma tozu, şarap veya şeri ve soya sosunu karıştırın. Sığır eti ve 15 ml/1 yemek kaşığı yağı ekleyin. Kalan yağı ısıtın ve et ve yumurta karışımını 2 dakika kızartın. Eti çıkarın ve yağı boşaltın. Köri ezmesini tavaya ekleyip kaynatın, ardından eti tekrar tavaya alıp iyice karıştırın ve servis yapın.

Kızartılmış Dana Köri

4 kişi için

45 ml / 3 yemek kaşığı fıstık (yer fıstığı) yağı

5 ml / 1 çay kaşığı tuz

1 diş ezilmiş sarımsak

450g/1lb sığır filetosu, küp şeklinde

4 yeşil soğan (yeşil soğan), dilimlenmiş

1 dilim zencefil kökü, doğranmış

30 ml / 2 yemek kaşığı köri tozu

15 ml / 1 yemek kaşığı pirinç şarabı veya sek şeri

15 ml / 1 yemek kaşığı şeker

400 ml / 14 fl oz / 1 œ su bardağı et suyu

15 ml / 1 yemek kaşığı mısır unu (mısır nişastası)

45 ml / 3 yemek kaşığı su

Yağı ısıtın ve tuzu ve sarımsağı hafif altın rengi olana kadar kızartın. Filetoyu ekleyip yağı ekleyin, ardından yeşil soğanı ve zencefili ekleyip etin her tarafı altın rengi oluncaya kadar kızartın. Köri tozunu ekleyin ve 1 dakika soteleyin. Şarap veya şeri ve şekeri ekleyin, ardından et suyunu ekleyin, kaynatın, kapağını kapatın ve et yumuşayana kadar yaklaşık 35 dakika pişirin. Mısır unu ve suyu bir macun kıvamına getirin, sosu ekleyin ve kısık ateşte sos koyulaşana kadar karıştırarak pişirin.

Sığır eti körili kızartma

4 kişi için

225g/8oz yağsız sığır eti

30 ml / 2 yemek kaşığı fıstık yağı

1 büyük soğan, dilimlenmiş

30 ml / 2 yemek kaşığı köri tozu

1 dilim zencefil kökü, doğranmış

15 ml / 1 yemek kaşığı pirinç şarabı veya sek şeri

120 ml / 4 fl oz / ¬Ω bardak et suyu

5 ml / 1 çay kaşığı şeker

15 ml / 1 yemek kaşığı mısır unu (mısır nişastası)

45 ml / 3 yemek kaşığı su

Eti tahıllara karşı ince dilimler halinde kesin. Yağı ısıtın ve soğanı şeffaflaşana kadar kızartın. Köriyi ve zencefili ekleyip birkaç saniye soteleyin. Etleri ekleyip rengi dönene kadar soteleyin. Şarap veya şeri ve et suyunu ekleyin, kaynatın, üzerini örtün ve et pişene kadar yaklaşık 5 dakika pişirin. Şekeri karıştır

mısır unu ve suyu tencereye alıp kısık ateşte sos koyulaşana kadar karıştırarak pişirin.

Sarımsaklı Dana Eti

4 kişi için

350g/12oz yağsız sığır eti, dilimlenmiş

4 diş sarımsak, dilimlenmiş

1 kırmızı biber, dilimlenmiş

45 ml / 3 yemek kaşığı soya sosu

45 ml / 3 yemek kaşığı fıstık (yer fıstığı) yağı

5 ml / 1 çay kaşığı mısır unu (mısır nişastası)

15 ml / 1 yemek kaşığı su

Eti sarımsak, kırmızı biber ve 30 ml / 2 yemek kaşığı soya sosuyla karıştırın ve ara sıra karıştırarak 30 dakika dinlendirin. Yağı ısıtın ve et karışımını neredeyse pişene kadar birkaç dakika kızartın. Geriye kalan malzemeleri macun kıvamına getirip tavaya ekleyin ve etler pişene kadar sotelemeye devam edin.

Zencefilli Dana Eti

4 kişi için

15 ml / 1 yemek kaşığı yer fıstığı yağı
450 g/1 lb yağsız sığır eti, dilimlenmiş
1 soğan, ince dilimlenmiş
2 diş sarımsak, ezilmiş
2 parça kristalize zencefil, ince dilimlenmiş
15 ml / 1 yemek kaşığı soya sosu
150 ml / ¬° pt / cömert ¬Ω bardak su
2 sap kereviz, çapraz kesilmiş
5 ml / 1 çay kaşığı tuz

Yağı ısıtın ve eti, soğanı ve sarımsağı hafif altın rengi olana kadar kızartın. Zencefil, soya sosu ve suyu ekleyin, kaynatın, kapağını kapatın ve 25 dakika pişirin. Kerevizi ekleyin, kapağını kapatın ve 5 dakika daha pişirin. Servis yapmadan önce tuz serpin.

Zencefil ile kırmızı pişmiş sığır eti

4 kişi için

450 g / 1 pound yağsız sığır eti

2 dilim zencefil kökü, doğranmış

4 frenk soğanı (yeşil soğan), doğranmış

120 ml / 4 fl oz / ¬Ω bardak soya sosu

60 ml / 4 yemek kaşığı pirinç şarabı veya sek şeri

400 ml / 14 fl oz / 1¬œ bardak su

15 ml / 1 yemek kaşığı esmer şeker

Tüm malzemeleri ağır bir tavaya koyun, kaynatın, kapağını kapatın ve etler yumuşayana kadar ara sıra çevirerek kısık ateşte yaklaşık 1 saat pişirin.

4 kişi için

225g/8oz dana bonfile, ince dilimlenmiş

30 ml / 2 yemek kaşığı mısır unu (mısır nişastası)

15 ml / 1 yemek kaşığı pirinç şarabı veya sek şeri

15 ml / 1 yemek kaşığı soya sosu

30 ml / 2 yemek kaşığı fıstık yağı

2,5 ml / ¬Ω çay kaşığı tuz

2 diş sarımsak, ezilmiş

225g/8oz yeşil fasulye

225g/8oz bambu filizleri, dilimlenmiş

50g/2oz mantar, dilimlenmiş

50g/2oz su kestanesi, dilimlenmiş

150 ml / ¬° pt / cömert ¬Ω bardak tavuk suyu

Biftekleri bir kaseye yerleştirin. 15ml/1 yemek kaşığı mısır unu, şarap veya şeri ve soya sosunu karıştırın, etle karıştırın ve 30 dakika marine edin. Yağı tuz ve sarımsakla ısıtın ve sarımsak hafif altın rengi olana kadar kızartın. Eti ve turşuyu ekleyip 4 dakika soteleyin. Fasulyeleri ekleyip 2 dakika soteleyin. Geri kalan malzemeleri ekleyin, kaynatın ve 4 dakika pişirin. Geriye kalan mısır ununu bir karıştırıcı ile karıştırın.

biraz su ve sosun içine karıştırın. Sos berraklaşana ve kalınlaşana kadar karıştırarak kısık ateşte pişirin.

4 kişi için

450 g / 1 pound yağsız sığır eti

6 yeşil soğan (yeşil soğan), dilimlenmiş

4 dilim zencefil kökü

15 ml / 1 yemek kaşığı pirinç şarabı veya sek şeri

15 ml / 1 yemek kaşığı soya sosu

4 adet kurutulmuş kırmızı biber, doğranmış

10 adet karabiber

1 diş yıldız anason

300 ml / ¬Ω pt / 1¬° bardak su

2,5 ml/¬Ω çay kaşığı biber yağı

Eti 2 taze soğan, 1 dilim zencefil ve şarabın yarısını içeren bir kaseye koyun ve 30 dakika marine edin. Büyük bir tencerede suyu kaynatın, eti ekleyin ve suyunu çekene kadar pişirin.

her taraftan çıkarın ve boşaltın. Kalan frenk soğanı, zencefil ve şarabı veya şeri biber, karabiber ve yıldız anasonla birlikte bir tavaya koyun ve suyu ekleyin. Kaynatın, eti ekleyin, kapağını kapatın ve et yumuşayana kadar yaklaşık 40 dakika pişirin. Eti sıvıdan çıkarın ve iyice süzün. İnce dilimler halinde kesip sıcak servis tabağına dizin. Biber yağı serperek servis yapın.

4 kişi için

150 ml / ¬° pt / cömert ¬Ω fincan fıstık yağı

450g/1lb yağsız sığır eti, damarlara göre kesilmiş

45 ml / 3 yemek kaşığı soya sosu

15 ml / 1 yemek kaşığı pirinç şarabı veya sek şeri

1 dilim zencefil kökü, doğranmış

1 kurutulmuş kırmızı biber, doğranmış

2 havuç, rendelenmiş

2 sap kereviz, çapraz kesilmiş

10 ml / 2 çay kaşığı tuz

225 g / 8 oz / 1 su bardağı uzun taneli pirinç

Yağın üçte ikisini ısıtın ve eti, soya sosunu ve şarabı veya şeri'yi 10 dakika kızartın. Eti çıkarın ve sosu saklayın. Kalan yağı ısıtın ve zencefil, biber ve havuçları 1 dakika kızartın. Kerevizi ekleyin ve 1 dakika soteleyin. Eti ve tuzu ekleyip 1 dakika kavurun.

Bu arada pirinci kaynar suda yumuşayana kadar yaklaşık 20 dakika pişirin. İyice süzüp servis tabağına alın. Et karışımını ve acı sosu üzerine dökün.

4 kişi için

225g/8oz yağsız sığır eti

30 ml / 2 yemek kaşığı mısır unu (mısır nişastası)

5 ml / 1 çay kaşığı şeker

5 ml / 1 çay kaşığı soya sosu

10 ml/2 çay kaşığı pirinç şarabı veya sek şeri

30 ml / 2 yemek kaşığı fıstık yağı

2,5 ml / ¬Ω çay kaşığı tuz

2 dilim zencefil kökü, doğranmış

225 g / 8 oz kar bezelyesi

60 ml / 4 yemek kaşığı et suyu

10 ml / 2 çay kaşığı su

taze kara biber

Eti tahıllara karşı ince dilimler halinde kesin. Mısır unu, şeker, soya sosu ve şarabın veya şeri'nin yarısını karıştırın, ete ekleyin ve kaplamak için iyice karıştırın. Yağın yarısını ısıtın ve tuzu ve zencefili birkaç saniye kızartın. Kar bezelyelerini ekleyin ve yağla kaplayacak şekilde fırlatın. Et suyunu ekleyin, kaynatın ve iyice karıştırın, ardından kar bezelyelerini ve sıvıyı tavadan çıkarın. Kalan yağı ısıtın ve eti hafifçe kızarana kadar kızartın. Mangetout'u tavaya geri koyun. Karıştır

23

kalan mısır ununu suyla karıştırın, tavaya karıştırın ve biberle tatlandırın. Kısık ateşte, karıştırarak sos koyulaşana kadar pişirin.

Marine Edilmiş Kızarmış Dana Eti

4 kişi için

450g/1lb Fileto Biftek

75 ml / 5 yemek kaşığı soya sosu

60 ml / 4 yemek kaşığı pirinç şarabı veya sek şeri

5 ml / 1 çay kaşığı tuz

15 ml / 1 yemek kaşığı mısır unu (mısır nişastası)

45 ml / 3 yemek kaşığı fıstık (yer fıstığı) yağı

15 ml / 1 yemek kaşığı esmer şeker

15 ml / 1 yemek kaşığı şarap sirkesi

Biftekleri birkaç yerinden delin ve bir kaseye koyun. Soya sosu, şarap veya şeri ve tuzu karıştırın, etin üzerine dökün ve ara sıra çevirerek 3 saat bekletin. Eti boşaltın ve turşuyu atın. Eti kurulayın ve üzerine mısır unu serpin. Yağı ısıtın ve eti her tarafı altın rengi kahverengi olana kadar kızartın. Şekeri, şarap sirkesini ve eti kaplayacak kadar su ekleyin. Kaynatın, kapağını kapatın ve etler yumuşayana kadar yaklaşık 1 saat pişirin.

4 kişi için

225g/8oz yağsız sığır eti

15 ml / 1 yemek kaşığı mısır unu (mısır nişastası)

15 ml / 1 yemek kaşığı pirinç şarabı veya sek şeri

15 ml / 1 yemek kaşığı soya sosu

2,5 ml / ¬Ω çay kaşığı şeker

45 ml / 3 yemek kaşığı fıstık (yer fıstığı) yağı

1 dilim zencefil kökü, doğranmış

2,5 ml / ¬Ω çay kaşığı tuz

225 gr/8 oz mantar, dilimlenmiş

120 ml / 4 fl oz / ¬Ω bardak et suyu

Eti tahıllara karşı ince dilimler halinde kesin. Mısır unu, şarap veya şeri, soya sosu ve şekeri karıştırın, eti ekleyin ve kaplamak için iyice karıştırın. Yağı ısıtın ve zencefili 1 dakika kızartın. Etleri ekleyip rengi dönene kadar soteleyin. Tuz ve mantarları ekleyip iyice karıştırın. Et suyunu ekleyin, kaynatın ve sos koyulaşana kadar karıştırarak pişirin.

4 kişi için

450 g/1 lb yağsız sığır eti, dilimlenmiş

2 diş sarımsak, ezilmiş

60 ml / 4 yemek kaşığı soya sosu

15 ml / 1 yemek kaşığı esmer şeker

5 ml / 1 çay kaşığı tuz

30 ml / 2 yemek kaşığı fıstık yağı

Eti bir kaseye koyun ve sarımsak, soya sosu, şeker ve tuzu ekleyin. İyice karıştırın, üzerini örtün ve ara sıra çevirerek yaklaşık 2 saat marine etmeye bırakın. Marine edip boşaltın. Yağı ısıtın ve etin her tarafı altın rengi oluncaya kadar kızartın ve hemen servis yapın.

Mantarlı dana güveç

4 kişi için

1 kg/2 lb sığır eti

tuz ve taze çekilmiş karabiber

60 ml / 4 yemek kaşığı soya sosu

30 ml / 2 yemek kaşığı kuru üzüm sosu

30 ml / 2 yemek kaşığı bal

30 ml / 2 yemek kaşığı şarap sirkesi

5 ml / 1 çay kaşığı taze çekilmiş karabiber

5 ml / 1 çay kaşığı anason, öğütülmüş

5 ml / 1 çay kaşığı öğütülmüş kişniş

6 adet kurutulmuş Çin mantarı

60 ml / 4 yemek kaşığı fıstık yağı

5 ml / 2 çay kaşığı mısır unu (mısır nişastası)

15 ml / 1 yemek kaşığı su

400g/14oz konserve domates

6 yeşil soğan (yeşil soğan), şeritler halinde kesilmiş

2 rendelenmiş havuç

30 ml / 2 yemek kaşığı erik sosu

60 ml / 4 yemek kaşığı doğranmış frenk soğanı

Eti çatalla birkaç kez delin. Tuz ve karabiberle tatlandırıp bir
kaseye koyun. Sosları, balı, şarap sirkesini, biberi ve baharatları

karıştırın, etin üzerine dökün, üzerini örtün ve bir gece buzdolabında marine etmeye bırakın.

Mantarları ılık suda 30 dakika bekletin ve ardından süzün. Sapları atın ve üst kısımlarını kesin. Yağı ısıtın ve eti sık sık çevirerek altın rengi kahverengi olana kadar kızartın. Mısır ununu ve suyu karıştırıp domateslerin olduğu tavaya ekleyin. Kaynatın, kapağını kapatın ve yumuşayana kadar yaklaşık 1 saat pişirin. Soğanları ve havuçları ekleyin ve havuçlar yumuşayana kadar 10 dakika daha pişirmeye devam edin. Erik sosunu ekleyin ve 2 dakika pişirin. Eti sostan çıkarın ve kalın dilimler halinde kesin. Sosu tekrar ısıtın ve üzerine frenk soğanı serperek servis yapın.

4 kişi için

100g/4oz ince yumurtalı erişte

30 ml / 2 yemek kaşığı fıstık yağı

225g/8oz yağsız sığır eti, kıyılmış

30 ml / 2 yemek kaşığı soya sosu

15 ml / 1 yemek kaşığı pirinç şarabı veya sek şeri

2,5 ml / ¬Ω çay kaşığı tuz

2,5 ml / ¬Ω çay kaşığı şeker

120 ml / 4 fl oz / ¬Ω bardak su

Erişteleri hafifçe yumuşayana kadar suda bekletin, süzün ve 7,5 cm/3 uzun parçalar halinde kesin. Yağın yarısını ısıtın ve eti altın rengi olana kadar kızartın. Soya sosu, şarap veya şeri, tuz ve şekeri ekleyip 2 dakika soteleyin ve ardından tavadan çıkarın. Kalan yağı ısıtın ve erişteleri yağla kaplanana kadar kızartın. Et karışımını tekrar tencereye alın, su ekleyin ve kaynatın. Sıvı emilene kadar yaklaşık 5 dakika pişirin ve pişirin.

4 kişi için

4 kurutulmuş Çin mantarı

30 ml / 2 yemek kaşığı fıstık yağı

2,5 ml / ¬Ω çay kaşığı tuz

225g/8oz yağsız sığır eti, dilimlenmiş

100g/4oz bambu filizleri, dilimlenmiş

100g/4oz kereviz, dilimlenmiş

1 soğan dilimlenmiş

120 ml / 4 fl oz / ¬Ω bardak et suyu

2,5 ml / ¬Ω çay kaşığı şeker

10 ml / 2 çay kaşığı mısır unu (mısır nişastası)

5 ml / 1 çay kaşığı soya sosu

15 ml / 1 yemek kaşığı su

100g/4oz pirinç eriştesi

kızartmalık yağ

Mantarları ılık suda 30 dakika bekletin ve ardından süzün. Sapları atın ve üst kısımlarını kesin. Yağın yarısını ısıtıp tuzu ve eti hafifçe kızarana kadar kızartın ve ardından tavadan çıkarın. Kalan yağı ısıtın ve sebzeleri yumuşayana kadar kızartın. Et suyunu ve şekeri ekleyip kaynatın. Eti tekrar tavaya alın, üzerini örtün ve 3 dakika pişirin. Mısır unu, soya sosu ve suyu karıştırıp

tavaya alın ve kısık ateşte, koyulaşana kadar karıştırarak pişirin.
Bu arada pirinç noodle'larını sıcak yağda birkaç saniye kabarıp
çıtır çıtır olana kadar kızartın ve etin üzerine servis yapın.

4 kişi için

60 ml / 4 yemek kaşığı fıstık yağı

300g/11oz yağsız sığır eti, şeritler halinde kesilmiş

100gr/4oz soğan, şeritler halinde kesilmiş

15 ml / 1 yemek kaşığı tavuk suyu

5 ml / 1 çay kaşığı pirinç şarabı veya sek şeri

5 ml / 1 çay kaşığı şeker

5 ml / 1 çay kaşığı soya sosu

tuz

Susam yağı

Yağı ısıtın ve etleri ve soğanları yüksek ateşte hafif altın rengi olana kadar kızartın. Et suyunu, şarabı veya şeriyi, şekeri ve soya sosunu ekleyin ve iyice karışıncaya kadar hızlıca kızartın. Servis yapmadan önce tuz ve susam yağı ile tatlandırın.

Sığır eti ve bezelye

4 kişi için

30 ml / 2 yemek kaşığı fıstık yağı

450 g/1 lb yağsız sığır eti, kuşbaşı

2 soğan dilimlenmiş

2 sap kereviz, dilimlenmiş

100g/4oz taze veya dondurulmuş bezelye, çözülmüş

250 ml / 8 fl oz / 1 su bardağı tavuk suyu

15 ml / 1 yemek kaşığı soya sosu

15 ml / 1 yemek kaşığı mısır unu (mısır nişastası)

Yağı ısıtın ve eti hafifçe kızarana kadar kızartın. Soğanı, kerevizi ve bezelyeyi ekleyip 2 dakika soteleyin. Et suyunu ve soya sosunu ekleyin, kaynatın, üzerini örtün ve 10 dakika pişirin. Mısır nişastasını biraz suyla karıştırıp sosla karıştırın. Sos berraklaşana ve kalınlaşana kadar karıştırarak kısık ateşte pişirin.

4 kişi için

225g/8oz yağsız sığır eti

2 yeşil soğan (soğan), doğranmış

30 ml / 2 yemek kaşığı soya sosu

30 ml / 2 yemek kaşığı pirinç şarabı veya sek şeri

30 ml / 2 yemek kaşığı fıstık yağı

1 diş ezilmiş sarımsak

5 ml / 1 çay kaşığı şarap sirkesi

birkaç damla susam yağı

Eti tahıllara karşı ince dilimler halinde kesin. Frenk soğanı, soya sosu ve şarap veya şeriyi karıştırın, eti ekleyin ve 30 dakika dinlendirin. Marine edip boşaltın. Yağı ısıtın ve sarımsakları hafif altın rengi olana kadar kızartın. Etleri ekleyip rengi dönene kadar soteleyin. Sirke ve susam yağını ekleyin, kapağını kapatın ve 2 dakika pişirin.

Kurutulmuş Portakal Kabuğu ile Dana Eti

4 kişi için

450g/1lb yağsız dana eti, ince dilimlenmiş

5 ml / 1 çay kaşığı tuz

kızartmalık yağ

30 ml / 2 yemek kaşığı fıstık yağı

100g/4oz kurutulmuş portakal kabuğu

2 adet kurutulmuş biber, ince doğranmış

5 ml / 1 çay kaşığı taze çekilmiş karabiber

45 ml / 3 yemek kaşığı et suyu

2,5 ml / $\neg\Omega$ çay kaşığı şeker

15 ml / 1 yemek kaşığı pirinç şarabı veya sek şeri

5 ml / 1 çay kaşığı şarap sirkesi

2,5 ml / $\neg\Omega$ çay kaşığı susam yağı

Eti tuzlayın ve 30 dakika dinlendirin. Yağı ısıtın ve eti yarı pişene kadar kızartın. İyice çıkarın ve boşaltın. Yağı ısıtın ve portakal kabuğunu, biberleri ve biberi 1 dakika kızartın. Eti ve et suyunu ekleyip kaynatın. Şekeri ve şarap sirkesini ekleyin ve fazla sıvı kalmayana kadar pişirin. Şarap sirkesi ve susam yağını ekleyip iyice karıştırın. Marul yaprakları yatağında servis yapın.

4 kişi için

15 ml / 1 yemek kaşığı yer fıstığı yağı

2 diş sarımsak, ezilmiş

450g/1lb dana bonfile, dilimlenmiş

100 gr/4 oz mantar

15 ml / 1 yemek kaşığı pirinç şarabı veya sek şeri

150 ml / ¬° pt / cömert ¬Ω bardak tavuk suyu

30 ml / 2 yemek kaşığı istiridye sosu

5 ml / 1 çay kaşığı esmer şeker

tuz ve taze çekilmiş karabiber

4 yeşil soğan (yeşil soğan), dilimlenmiş

15 ml / 1 yemek kaşığı mısır unu (mısır nişastası)

Yağı ısıtın ve sarımsakları hafif altın rengi olana kadar kızartın. Biftek ve mantarları ekleyin ve hafifçe kızarana kadar soteleyin. Şarap veya şeri ekleyin ve 2 dakika soteleyin. Et suyunu, istiridye sosunu ve şekeri ekleyip tuz ve karabiberle tatlandırın. Kaynatın ve ara sıra karıştırarak 4 dakika pişirin. Frenk soğanı ekleyin. Mısır ununu biraz suyla karıştırıp tavada karıştırın. Sos berraklaşana ve kalınlaşana kadar karıştırarak kısık ateşte pişirin.

4 kişi için

350g/12oz yağsız dana eti, şeritler halinde kesilmiş

75 ml / 5 yemek kaşığı soya sosu

75 ml / 5 yemek kaşığı fıstık (yer fıstığı) yağı

5 ml / 1 çay kaşığı mısır unu (mısır nişastası)

75 ml / 5 yemek kaşığı su

2 soğan dilimlenmiş

5 ml / 1 çay kaşığı istiridye sosu

taze kara biber

erişte sepetleri

Eti soya sosu, 15 ml / 1 yemek kaşığı sıvı yağ, mısır nişastası ve suyla 1 saat marine edin. Eti marinattan çıkarın ve iyice süzün. Kalan yağı ısıtın, eti ve soğanı hafif altın rengi olana kadar kızartın. Marine edip istiridye sosunu ekleyin ve bol miktarda biberle tatlandırın. Kaynatın, kapağını kapatın ve ara sıra karıştırarak 5 dakika pişirin. Erişte sepetleriyle servis yapın.

Biberli biftek

4 kişi için

45 ml / 3 yemek kaşığı fıstık (yer fıstığı) yağı

5 ml / 1 çay kaşığı tuz

2 diş sarımsak, ezilmiş

450g/1lb dana bonfile, ince dilimlenmiş

1 soğan, dilimler halinde kesilmiş

2 yeşil biber, doğranmış

120 ml / 4 fl oz / ¬Ω bardak et suyu

5 ml / 1 çay kaşığı esmer şeker

5 ml / 1 çay kaşığı pirinç şarabı veya sek şeri

tuz ve taze çekilmiş karabiber

30 ml / 2 yemek kaşığı mısır unu (mısır nişastası)

30 ml / 2 yemek kaşığı soya sosu

Yağı, tuz ve sarımsakla birlikte, sarımsak hafif altın rengi olana kadar ısıtın, ardından filetoyu ekleyin ve her tarafı altın rengi kahverengi olana kadar kızartın. Soğanı ve biberi ekleyip 2 dakika soteleyin. Et suyunu, şekeri, şarabı veya şeri ekleyin ve tuz ve karabiberle tatlandırın. Kaynatın, örtün ve 5 dakika pişirin. Mısır unu ve soya sosunu karıştırıp sosun içine karıştırın. Sos berraklaşıp koyulaşana kadar karıştırarak pişirin, gerekirse sosu tercih ettiğiniz kıvama getirmek için biraz daha su ekleyin.

Biberli Dana Eti

4 kişi için

350g/12oz yağsız sığır eti, ince dilimlenmiş

3 adet kırmızı biber, çekirdekleri çıkarılmış ve doğranmış

3 yeşil soğan (yeşil soğan), parçalar halinde kesilmiş

2 diş sarımsak, ezilmiş

15 ml / 1 yemek kaşığı siyah fasulye sosu

1 havuç dilimlenmiş

3 adet yeşil biber, parçalar halinde kesilmiş

tuz

15 ml / 1 yemek kaşığı yer fıstığı yağı

5 ml / 1 çay kaşığı soya sosu

45 ml / 3 yemek kaşığı su

5 ml / 1 çay kaşığı pirinç şarabı veya sek şeri

5 ml / 1 çay kaşığı mısır unu (mısır nişastası)

Eti biber, yeşil soğan, sarımsak, siyah fasulye sosu ve havuçla 1 saat marine edin. Biberleri kaynar tuzlu suda 3 dakika haşlayıp iyice süzün. Yağı ısıtın ve et karışımını 2 dakika kızartın. Biberleri ekleyip 3 dakika soteleyin. Soya sosunu, suyu ve şarabı veya şeri ekleyin. Mısır ununu biraz suyla karıştırıp tencereye alın ve kısık ateşte sos koyulaşana kadar karıştırarak pişirin.

4 kişi için

225g/8oz yağsız sığır eti, kıyılmış

1 yumurta beyazı

15 ml / 1 yemek kaşığı mısır unu (mısır nişastası)

2,5 ml / ¬Ω çay kaşığı tuz

5 ml / 1 çay kaşığı pirinç şarabı veya sek şeri

2,5 ml / ¬Ω çay kaşığı şeker

kızartmalık yağ

30 ml / 2 yemek kaşığı fıstık yağı

2 kırmızı biber, doğranmış

2 dilim rendelenmiş zencefil kökü

15 ml / 1 yemek kaşığı soya sosu

2 büyük yeşil biber, doğranmış

Eti yumurta akı, mısır nişastası, tuz, şarap veya şeri ve şekerle birlikte bir kaseye koyun ve 30 dakika marine etmesini bekleyin. Yağı ısıtın ve eti hafifçe kızarana kadar kızartın. Tavadan alıp iyice süzün. Yağı ısıtın ve biberleri ve zencefili birkaç saniye kızartın. Eti ve soya sosunu ekleyip yumuşayana kadar karıştırarak pişirin. Yeşil biberleri ekleyip iyice karıştırın ve 2 dakika soteleyin. Hemen servis yapın.

4 kişi için

100 gr/4 oz Çin turşusu, rendelenmiş

450gr/1lb yağsız biftek, damarlara karşı kesilmiş

30 ml / 2 yemek kaşığı soya sosu

5 ml / 1 çay kaşığı tuz

2,5 ml / ¬Ω çay kaşığı taze çekilmiş karabiber

60 ml / 4 yemek kaşığı fıstık yağı

15 ml / 1 yemek kaşığı mısır unu (mısır nişastası)

Tüm malzemeleri iyice karıştırın ve refrakter bir kaba koyun. Kaseyi buharlı pişiricideki rafa yerleştirin, üzerini kapatın ve et pişene kadar 40 dakika boyunca kaynar suyun üzerinde buharda pişirin.

Patatesli biftek

4 kişi için

450g/1lb biftek

60 ml / 4 yemek kaşığı fıstık yağı

5 ml / 1 çay kaşığı tuz

2,5 ml / ¬Ω çay kaşığı taze çekilmiş karabiber

1 doğranmış soğan

1 diş ezilmiş sarımsak

225g/8oz patates, küp şeklinde

175 ml / 6 fl oz / ¬œ bardak et suyu

250 ml / 8 fl oz / 1 su bardağı doğranmış kereviz yaprağı

30 ml / 2 yemek kaşığı mısır unu (mısır nişastası)

15 ml / 1 yemek kaşığı soya sosu

60 ml / 4 yemek kaşığı su

Biftekleri şeritler halinde ve ardından damarlara karşı ince dilimler halinde kesin. Yağı ısıtın ve bifteği, tuzu, karabiberi, soğanı ve sarımsağı hafif altın rengi olana kadar kızartın. Patatesleri ve et suyunu ekleyin, kaynatın, kapağını kapatın ve 10 dakika pişirin. Kereviz yapraklarını ekleyin ve yumuşayana kadar yaklaşık 4 dakika pişirin. Mısır unu, soya sosu ve suyu macun kıvamına getirin, tavaya ekleyin ve kısık ateşte sos berraklaşıp koyulaşana kadar karıştırarak pişirin.

4 kişi için

450 g / 1 pound yağsız sığır eti

120 ml / 4 fl oz / ¬Ω bardak soya sosu

60 ml / 4 yemek kaşığı pirinç şarabı veya sek şeri

15 ml / 1 yemek kaşığı esmer şeker

375 ml / 13 fl oz / 1 Ω bardak su

Sığır eti, soya sosu, şarap veya şeri ve şekeri ağır tabanlı bir tavaya koyun ve kısık ateşte pişirin. Kapağını kapatın ve bir veya iki kez çevirerek 10 dakika pişirin. Suyu ekleyip kaynatın. Et yumuşayana kadar kapağını kapatıp yaklaşık 1 saat pişirin, gerekirse pişirme sırasında et çok kuru olursa biraz kaynar su ilave edin. Sıcak veya soğuk servis yapın.

4 kişi için

30 ml / 2 yemek kaşığı fıstık yağı

450 g/1 lb yağsız sığır eti, kuşbaşı

2 yeşil soğan (yeşil soğan), dilimlenmiş

2 diş sarımsak, ezilmiş

1 dilim zencefil kökü, doğranmış

2 diş yıldız anason, ezilmiş

250 ml / 8 fl oz / 1 su bardağı soya sosu

30 ml / 2 yemek kaşığı pirinç şarabı veya sek şeri

30 ml / 2 yemek kaşığı esmer şeker

5 ml / 1 çay kaşığı tuz

600 ml / 1 pt / 2 Ω bardak su

Yağı ısıtın ve eti hafifçe kızarana kadar kızartın. Fazla yağını süzüp taze soğanı, sarımsağı, zencefili ve anasonu ekleyip 2 dakika kavurun. Soya sosu, şarap veya şeri, şeker ve tuzu ekleyip iyice karıştırın. Suyu ekleyin, kaynatın, kapağını kapatın ve 1 saat pişirin. Kapağı açın ve sos azalıncaya kadar pişirin.

Kıyılmış sığır eti

4 kişi için

750 g yağsız sığır eti, kuşbaşı

250 ml / 8 fl oz / 1 su bardağı et suyu

120 ml / 4 fl oz / ¬Ω bardak soya sosu

60 ml / 4 yemek kaşığı pirinç şarabı veya sek şeri

45 ml / 3 yemek kaşığı fıstık (yer fıstığı) yağı

Sığır eti, et suyu, soya sosu ve şarap veya şeriyi ağır tabanlı bir tavaya koyun. Sıvı buharlaşana kadar karıştırarak kaynatın ve kaynatın. Soğumaya bırakın ve ardından soğumaya bırakın. Eti iki çatalla parçalayın. Yağı ısıtın, ardından eti ekleyin ve yağla kaplanana kadar hızla kızartın. Et tamamen kuruyana kadar orta ateşte pişirmeye devam edin. Soğumaya bırakın ve erişte veya pilavla servis yapın.

Aile Usulü Kıyılmış Dana Eti

4 kişi için

225g/8oz sığır eti, kıyılmış

15 ml / 1 yemek kaşığı soya sosu

15 ml / 1 yemek kaşığı istiridye sosu

45 ml / 3 yemek kaşığı fıstık (yer fıstığı) yağı

1 dilim zencefil kökü, doğranmış

1 doğranmış kırmızı biber

4 sap kereviz, çapraz kesilmiş

15 ml / 1 yemek kaşığı baharatlı fasulye sosu

5 ml / 1 çay kaşığı tuz

15 ml / 1 yemek kaşığı pirinç şarabı veya sek şeri

5 ml / 1 çay kaşığı susam yağı

5 ml / 1 çay kaşığı şarap sirkesi

taze kara biber

Eti soya sosu ve istiridye sosuyla birlikte bir kaseye koyun ve 30 dakika marine etmeye bırakın. Yağı ısıtın ve etleri hafifçe kızarana kadar kızartın ve ardından tavadan çıkarın. Zencefil ve biberi ekleyip birkaç saniye soteleyin. Kerevizi ekleyin ve yarıya kadar pişene kadar soteleyin. Eti, baharatlı fasulye sosunu ve tuzu ekleyip iyice karıştırın. Şarap veya şeri, susam yağı ve sirkeyi ekleyin ve et yumuşayana ve malzemeler iyice karışana kadar soteleyin. Biber serperek servis yapın.

Kıyılmış ve baharatlı dana eti

4 kişi için

90 ml / 6 yemek kaşığı fıstık yağı

450 g yağsız dana eti, şeritler halinde kesilmiş

50g/2oz biber salçası

taze kara biber

15 ml / 1 yemek kaşığı kıyılmış zencefil kökü

30 ml / 2 yemek kaşığı pirinç şarabı veya sek şeri

225g/8oz kereviz, parçalar halinde kesilmiş

30 ml / 2 yemek kaşığı soya sosu

5 ml / 1 çay kaşığı şeker

5 ml / 1 çay kaşığı şarap sirkesi

Yağı ısıtın ve eti altın kahverengi olana kadar kızartın. Biber salçasını ve biberi ekleyip 3 dakika kızartın. Zencefil, şarap veya şeri ve kerevizi ekleyin ve iyice karıştırın. Soya sosunu, şekeri ve sirkeyi ekleyip 2 dakika soteleyin.

Ispanaklı Marine Edilmiş Dana Eti

4 kişi için

450g/1lb yağsız dana eti, ince dilimlenmiş

45 ml / 3 yemek kaşığı pirinç şarabı veya sek şeri

15 ml / 1 yemek kaşığı soya sosu

5 ml / 1 çay kaşığı şeker

2,5 ml / ¬Ω çay kaşığı susam yağı

450 gr/1 pound ıspanak

45 ml / 3 yemek kaşığı fıstık (yer fıstığı) yağı

2 dilim zencefil kökü, doğranmış

30 ml / 2 yemek kaşığı et suyu

5 ml / 1 çay kaşığı mısır unu (mısır nişastası)

Eti parmaklarınızla bastırarak hafifçe düzleştirin. Şarap veya şeri, soya sosu, şeri ve susam yağını karıştırın. Eti ekleyin, üzerini örtün ve ara sıra karıştırarak 2 saat buzdolabında bekletin. Ispanakların yapraklarını büyük parçalar halinde, saplarını ise kalın dilimler halinde kesin. 30 ml/2 yemek kaşığı yağı ısıtın ve ıspanak saplarını ve zencefili 2 dakika kızartın. Tavadan çıkarın.

Kalan yağı ısıtın. Eti boşaltın, turşuyu saklayın. Etin yarısını tavaya ekleyin, dilimleri üst üste gelmeyecek şekilde yayın. Her iki tarafı da hafifçe kızarana kadar yaklaşık 3 dakika pişirin. Tavadan alıp kalan eti kızartın ve ardından tavadan çıkarın. Et

suyunu ve mısır ununu turşuyla karıştırın. Karışımı tavaya
ekleyin ve kaynatın. Ispanak yapraklarını, saplarını ve zencefili
ekleyin. Ispanak solana kadar yaklaşık 3 dakika pişirin ve
ardından eti ekleyin. 1 dakika daha pişirin ve hemen servis yapın.

Taze Soğanlı Siyah Fasulye Dana Eti

4 kişi için

225g/8oz yağsız sığır eti, ince dilimlenmiş

1 yumurta, hafifçe çırpılmış

5 ml / 1 çay kaşığı hafif soya sosu

2,5 ml / ¬Ω çay kaşığı pirinç şarabı veya sek şeri

2,5 ml / ¬Ω çay kaşığı mısır nişastası (mısır nişastası)

250 ml / 8 fl oz / 1 bardak fıstık (yer fıstığı) yağı

2 diş sarımsak, ezilmiş

30 ml / 2 yemek kaşığı siyah fasulye sosu

15 ml / 1 yemek kaşığı su

6 yeşil soğan (yeşil soğan), çapraz kesilmiş

2 dilim rendelenmiş zencefil kökü

Eti yumurta, soya sosu, şarap veya şeri ve mısır nişastasıyla karıştırın. 10 dakika bekletin. Yağı ısıtın ve eti neredeyse pişene kadar kızartın. Tavadan alıp iyice süzün. 15 ml/1 yemek kaşığı yağ hariç hepsini dökün, yeniden ısıtın ve ardından sarımsak ve siyah fasulye sosunu 30 saniye kızartın. Eti ve suyu ekleyip etler yumuşayana kadar yaklaşık 4 dakika kızartın.

Bu arada, 15ml/1 yemek kaşığı yağı daha ısıtın ve yeşil soğanları ve zencefili kısaca soteleyin. Eti sıcak bir servis tabağına alıp üzerine soğanları ekleyip servis yapın.

Frenk soğanı ile sotelenmiş dana eti

4 kişi için

45 ml / 3 yemek kaşığı fıstık (yer fıstığı) yağı

225g/8oz yağsız sığır eti, ince dilimlenmiş

8 yeşil soğan (yeşil soğan), dilimlenmiş

75 ml / 5 yemek kaşığı soya sosu

15 ml / 1 yemek kaşığı pirinç şarabı veya sek şeri

30 ml / 2 yemek kaşığı susam yağı

Yağı ısıtın ve etleri ve soğanları hafif altın rengi olana kadar kızartın. Soya sosunu ve şarabı veya şeriyi ekleyin ve et istediğiniz gibi pişene kadar soteleyin. Servis yapmadan önce susam yağı ekleyin.

Balık Soslu Dana ve Frenk Soğanı

4 kişi için

350g/12oz yağsız sığır eti, ince dilimlenmiş

15 ml / 1 yemek kaşığı mısır unu (mısır nişastası)

15 ml / 1 yemek kaşığı su

2,5 ml / ¬Ω çay kaşığı pirinç şarabı veya sek şeri

bir tutam karbonat (kabartma tozu)

bir tutam tuz

45 ml / 3 yemek kaşığı fıstık (yer fıstığı) yağı

6 frenk soğanı (yeşil soğan), 5cm/2 parçaya kesilmiş

2 diş sarımsak, ezilmiş

2 dilim zencefil, doğranmış

5 ml / 1 çay kaşığı balık sosu

2,5 ml / ¬Ω çay kaşığı istiridye sosu

Eti mısır nişastası, su, şarap veya şeri, kabartma tozu ve tuzla 1 saat marine edin. 30 ml/2 yemek kaşığı yağı ısıtın ve dana etini taze soğanın yarısı, sarımsağın yarısı ve zencefil ile altın rengi kahverengi olana kadar kızartın. Bu arada kalan yağı ısıtın ve kalan yeşil soğan, sarımsak ve zencefili balık sosu ve istiridye sosuyla yumuşayana kadar soteleyin. Servis yapmadan önce ikisini karıştırın ve ısıtın.

4 kişi için

450 g / 1 lb yağsız sığır eti, dilimlenmiş

5 ml / 1 çay kaşığı mısır unu (mısır nişastası)

2 dilim zencefil kökü, doğranmış

15 ml / 1 yemek kaşığı soya sosu

15 ml / 1 yemek kaşığı pirinç şarabı veya sek şeri

2,5 ml / ¬Ω çay kaşığı tuz

2,5 ml / ¬Ω çay kaşığı şeker

15 ml / 1 yemek kaşığı yer fıstığı yağı

2 yeşil soğan (soğan), doğranmış

15 ml / 1 yemek kaşığı kıyılmış düz yaprak maydanoz

Eti bir kaseye koyun. Mısır unu, zencefil, soya sosu, şarap veya şeri, tuz ve şekeri karıştırıp eti ekleyin. Ara sıra karıştırarak 30 dakika bekletin. Sığır dilimlerini sığ, ısıya dayanıklı bir tabağa koyun ve üzerine yağ ve yeşil soğan serpin. Et pişene kadar yaklaşık 40 dakika boyunca kaynar su üzerinde bir raf üzerinde buharda pişirin. Maydanoz serperek servis yapın.

Sığır eti güveç

4 kişi için

Yağı sarımsak ve zencefille ısıtın ve sarımsak hafif altın rengi olana kadar kızartın. Biftekleri ekleyin ve kızarana kadar 5 dakika kızartın. Soya sosu, şarap veya şeri ve şekeri ekleyin, kapağını kapatın ve 10 dakika pişirin. Et suyunu ekleyin, kaynatın, kapağını kapatın ve yaklaşık 30 dakika pişirin. Soğanları, havuçları ve lahanayı ekleyin, kapağını kapatın ve 15 dakika daha pişirin.

Haşlanmış dana göğsü

4 kişi için

450 g / 1 pound sığır eti göğüs eti

45 ml / 3 yemek kaşığı fıstık (yer fıstığı) yağı

3 yeşil soğan (yeşil soğan), dilimlenmiş

2 dilim zencefil kökü, doğranmış

1 diş ezilmiş sarımsak

120 ml / 4 fl oz / ¬Ω bardak soya sosu

5 ml / 1 çay kaşığı şeker

45 ml / 3 yemek kaşığı pirinç şarabı veya sek şeri

3 diş yıldız anason

4 havuç, küp şeklinde

225g/8oz Çin lahanası

15 ml / 1 yemek kaşığı mısır unu (mısır nişastası)

45 ml / 3 yemek kaşığı su

Eti bir tavaya koyun ve üzerini suyla kaplayın. Kaynatın, kapağını kapatın ve etler yumuşayana kadar yaklaşık 1 saat pişirin. Tavadan alıp iyice süzün. 2,5 cm/1 inçlik küpler halinde kesin ve 250 ml/8 fl oz/1 bardak stok ayırın.

Yağı ısıtın ve yeşil soğanı, zencefili ve sarımsağı birkaç saniye soteleyin. Soya sosu, şeker, şarap veya şeri ve yıldız anasonu ekleyin ve iyice karıştırın. Et ve ayrılmış et suyunu ekleyin. Kaynatın, örtün ve 20 dakika pişirin. Bu arada Çin lahanasını kaynar suda yumuşayana kadar pişirin. Et ve sebzeleri sıcak bir servis tabağına aktarın. Mısır ununu ve suyu bir macun haline getirin, sosa ekleyin ve kısık ateşte sos berraklaşıp koyulaşana kadar karıştırarak pişirin. Etin üzerine dökün ve Çin lahanasıyla servis yapın.

4 kişi için

225g/8oz yağsız sığır eti

45 ml / 3 yemek kaşığı fıstık (yer fıstığı) yağı

1 dilim zencefil kökü, doğranmış

2 diş sarımsak, ezilmiş

2 yeşil soğan (soğan), doğranmış

50g/2oz mantar, dilimlenmiş

1 kırmızı biber dilimler halinde kesilmiş

225g/8oz karnabahar çiçeği

50 g/2 ons kar bezelyesi

30 ml / 2 yemek kaşığı soya sosu

15 ml / 1 yemek kaşığı mısır unu (mısır nişastası)

15 ml / 1 yemek kaşığı pirinç şarabı veya sek şeri

120 ml / 4 fl oz / ¬Ω bardak et suyu

Eti tahıllara karşı ince dilimler halinde kesin. Yağın yarısını ısıtın ve zencefili, sarımsağı ve yeşil soğanı hafif altın rengi olana kadar soteleyin. Eti ilave edip rengi dönene kadar kavurduktan sonra ocaktan alın. Kalan yağı ısıtın ve sebzeleri yağla kaplanana kadar kızartın. Et suyunu ekleyin, kaynatın, kapağını kapatın ve sebzeler yumuşayıncaya kadar ama hala gevrek oluncaya kadar pişirin. Soya sosunu, mısır ununu ve şarabı veya şeriyi karıştırın ve tavaya karıştırın. Kısık ateşte, karıştırarak sos koyulaşana kadar pişirin.

62

Biftek şeritleri

4 kişi için

450g/1lb sığır filetosu biftek

120 ml / 4 fl oz / ¬Ω bardak soya sosu

120 ml / 4 fl oz / ¬Ω bardak tavuk suyu

1 cm/¬Ω dilimlenmiş zencefil kökü

2 diş sarımsak, ezilmiş

30 ml / 2 yemek kaşığı pirinç şarabı veya sek şeri

15 ml / 1 yemek kaşığı esmer şeker

15 ml / 1 yemek kaşığı yer fıstığı yağı

Bifteği dondurucuda sıkılaştırın ve ardından uzun, ince dilimler halinde kesin. Geriye kalan tüm malzemeleri karıştırın ve bifteği bu karışımda yaklaşık 6 saat marine edin. Biftekleri ıslatılmış tahta şişlerin üzerine geçirin ve ara sıra marinatla tatlandırarak istediğiniz şekilde pişene kadar birkaç dakika ızgara yapın.

63

Tatlı patates ile haşlanmış sığır eti

4 kişi için

450g/1lb yağsız dana eti, ince dilimlenmiş

15 ml / 1 yemek kaşığı siyah fasulye sosu

15 ml / 1 yemek kaşığı tatlı fasulye sosu

15 ml / 1 yemek kaşığı soya sosu

5 ml / 1 çay kaşığı şeker

2 dilim zencefil kökü, doğranmış

2 tatlı patates, küp şeklinde

30 ml / 2 yemek kaşığı fıstık yağı

100 gr/4 oz galeta unu

15 ml / 1 yemek kaşığı susam yağı

3 yeşil soğan (soğan), ince doğranmış

Eti fasulye sosları, soya sosu, şeker ve zencefille birlikte bir kaseye koyun ve 30 dakika marine etmeye bırakın. Eti marinattan çıkarın ve tatlı patatesleri ekleyin. 20 dakika dinlenmeye bırakın. Patatesleri küçük bir bambu buharlı tencerenin tabanına yerleştirin. Eti ekmek kırıntılarıyla kaplayın ve patateslerin üzerine yerleştirin. Kapağını kapatın ve kaynar suyun üzerinde 40 dakika boyunca buharda pişirin.

Susam yağını ısıtın ve soğanları birkaç saniye kızartın. Eti etin üzerine döküp servis yapın.

Dana bonfile

4 kişi için

450 g / 1 pound yağsız sığır eti

45 ml / 3 yemek kaşığı pirinç şarabı veya sek şeri

15 ml / 1 yemek kaşığı soya sosu

10 ml / 2 çay kaşığı istiridye sosu

5 ml / 1 çay kaşığı şeker

5 ml / 1 çay kaşığı mısır unu (mısır nişastası)

2,5 ml/¬Ω çay kaşığı kabartma tozu (kabartma tozu)

bir tutam tuz

1 diş ezilmiş sarımsak

30 ml / 2 yemek kaşığı fıstık yağı

2 soğan, ince dilimlenmiş

Eti tahıl boyunca ince dilimler halinde kesin. Şarap veya şeri, soya sosu, istiridye sosu, şeker, mısır nişastası, karbonat, tuz ve sarımsağı karıştırın. Eti ekleyin, üzerini örtün ve en az 3 saat buzdolabında saklayın. Yağı ısıtın ve soğanları altın rengi olana kadar yaklaşık 5 dakika kızartın. Sıcak bir servis tabağına aktarın ve sıcak tutun. Wok'a biraz et ekleyin, dilimleri üst üste gelmeyecek şekilde dağıtın. Her iki tarafı da altın rengi olana kadar yaklaşık 3 dakika kızartın, ardından soğanların üzerine koyun ve kalan eti kızartmaya devam edin.

et tostu

4 kişi için

4 dilim yağsız dana eti

1 çırpılmış yumurta

50 g / 2 oz / ¬Ω fincan ceviz, doğranmış

4 dilim ekmek

kızartmalık yağ

Sığır dilimlerini düzleştirin ve yumurtayla iyice kaplayın. Üzerine ceviz serpin ve üzerine bir dilim ekmek koyun. Yağı ısıtın ve et ve ekmek dilimlerini yaklaşık 2 dakika kızartın. Yağdan çıkarın ve soğumaya bırakın. Yağı tekrar ısıtın ve altın rengi kahverengi olana kadar tekrar kızartın.

4 kişi için

225g/8oz yağsız sığır eti, kıyılmış

1 yumurta beyazı

2,5 ml / ¬Ω çay kaşığı susam yağı

5 ml / 1 çay kaşığı mısır unu (mısır nişastası)

bir tutam tuz

250 ml / 8 fl oz / 1 bardak fıstık (yer fıstığı) yağı

100g/4oz kurutulmuş tofu, şeritler halinde kesilmiş

5 kırmızı biber, şeritler halinde kesilmiş

15 ml / 1 yemek kaşığı su

1 dilim zencefil kökü, doğranmış

10 ml / 2 çay kaşığı soya sosu

Eti yumurta akı, susam yağının yarısı, mısır nişastası ve tuzla karıştırın. Yağı ısıtın ve eti neredeyse pişene kadar kızartın. Tavadan çıkarın. Tofuyu tavaya ekleyin ve 2 dakika soteledikten sonra tavadan çıkarın. Biberleri ekleyip 1 dakika soteleyin. Tofuyu su, zencefil ve soya sosuyla birlikte tavaya geri koyun ve iyice karıştırın. Eti ekleyin ve iyice karışana kadar soteleyin. Kalan susam yağını serperek servis yapın.

4 kişi için

30 ml / 2 yemek kaşığı fıstık yağı

3 yeşil soğan (yeşil soğan), parçalar halinde kesilmiş

225 gr/8 oz yağsız sığır eti, şeritler halinde kesilmiş

60 ml / 4 yemek kaşığı et suyu

15 ml / 1 yemek kaşığı mısır unu (mısır nişastası)

45 ml / 3 yemek kaşığı su

4 adet domates, kabuğu soyulmuş ve dörde bölünmüş

Yağı ısıtın ve taze soğanları yumuşayana kadar kızartın. Etleri ekleyip rengi dönene kadar soteleyin. Et suyunu ekleyin, kaynatın, kapağını kapatın ve 2 dakika pişirin. Mısır unu ve suyu karıştırıp tencereye alın ve kısık ateşte sos koyulaşıncaya kadar karıştırarak pişirin. Domatesleri ekleyin ve iyice ısınana kadar pişirin.

Şalgam ile kırmızı pişmiş sığır eti

4 kişi için

450 g / 1 pound yağsız sığır eti

1 dilim zencefil kökü, doğranmış

1 taze soğan (yeşil soğan), doğranmış 120 ml / 4 fl oz / ¬Ω

bardak pirinç şarabı veya sek şeri

250 ml / 8 fl oz / 1 su bardağı su

2 diş yıldız anason

1 küçük şalgam, doğranmış

120 ml / 4 fl oz / ¬Ω bardak soya sosu

15 ml / 1 yemek kaşığı şeker

Et, zencefil, taze soğan, şarap veya şeri, su ve anasonu ağır tabanlı bir tavaya koyun, kaynatın, kapağını kapatın ve 45 dakika pişirin. Şalgam, soya sosu ve şekeri ve gerekirse biraz daha suyu ekleyin, tekrar kaynatın, kapağını kapatın ve et yumuşayana kadar 45 dakika daha pişirin. Soğumaya bırakın. Eti ve şalgamı sostan çıkarın. Eti dilimler halinde kesin ve şalgamla birlikte servis etmek üzere bir tabağa koyun. Sosu süzüp soğuk servis yapın.

Sebzeli Dana Eti

4 kişi için

225g/8oz yağsız sığır eti

15 ml / 1 yemek kaşığı mısır unu (mısır nişastası)

15 ml / 1 yemek kaşığı soya sosu

15 ml / 1 yemek kaşığı pirinç şarabı veya sek şeri

2,5 ml / ¬Ω çay kaşığı şeker

45 ml / 3 yemek kaşığı fıstık (yer fıstığı) yağı

1 dilim zencefil kökü, doğranmış

2,5 ml / ¬Ω çay kaşığı tuz

100g/4oz soğan, dilimlenmiş

2 sap kereviz, dilimlenmiş

1 kırmızı biber dilimler halinde kesilmiş

100g/4oz bambu filizleri, dilimlenmiş

100g/4oz havuç, dilimlenmiş

120 ml / 4 fl oz / ¬Ω bardak et suyu

Eti damarlara karşı ince dilimler halinde kesin ve bir kaseye koyun. Mısır unu, soya sosu, şarap veya şeri ve şekeri karıştırın, etin üzerine dökün ve kaplayın. Ara sıra çevirerek 30 dakika dinlendirin. Yağın yarısını ısıtın ve eti altın kahverengi olana kadar kızartın, ardından tavadan çıkarın. Kalan yağı ısıtın, zencefili ve tuzu ekleyin, ardından sebzeleri ekleyin ve yağla kaplanana kadar soteleyin. Et suyunu ekleyin, kaynatın, kapağını kapatın ve sebzeler yumuşayıncaya kadar ama hala gevrek oluncaya kadar pişirin. Eti tekrar tavaya alın ve kısık ateşte yaklaşık 1 dakika karıştırarak ısınmasını sağlayın.

Haşlanmış et

4 kişi için

350g/12oz haddelenmiş sığır eti

30 ml / 2 yemek kaşığı şeker

30 ml / 2 yemek kaşığı pirinç şarabı veya sek şeri

30 ml / 2 yemek kaşığı soya sosu

5 ml / 1 çay kaşığı tarçın

2 yeşil soğan (soğan), doğranmış

1 dilim zencefil kökü, doğranmış

45 ml / 3 yemek kaşığı susam yağı

Bir tencerede suyu kaynatın, eti ekleyin, suyu tekrar kaynatın ve eti kapatmak için hızla kaynatın. Tavadan çıkarın. Eti temiz bir tavaya koyun ve kalan tüm malzemeleri ekleyin, 15 ml/1 yemek kaşığı susam yağı ayırın. Tencereye eti kaplayacak kadar su doldurun, kaynatın, kapağını kapatın ve etler yumuşayıncaya kadar yaklaşık 1 saat pişirin. Servis yapmadan önce kalan susam yağını serpin.

Doldurulmuş fileto

4'6 için

Tek parça halinde 675 g / 1¬Ω lb dana bonfile

60 ml / 4 yemek kaşığı şarap sirkesi

30 ml / 2 yemek kaşığı şeker

10 ml / 2 çay kaşığı soya sosu

2,5 ml / ¬Ω çay kaşığı taze çekilmiş karabiber

2,5 ml / ¬Ω çay kaşığı bütün karanfil

5 ml / 1 çay kaşığı öğütülmüş tarçın

1 defne yaprağı, ezilmiş

225g/8oz pişmiş uzun taneli pirinç

5 ml / 1 çay kaşığı kıyılmış taze maydanoz

bir tutam tuz

30 ml / 2 yemek kaşığı fıstık yağı

30 ml / 2 yemek kaşığı domuz yağı

1 soğan dilimlenmiş

Biftekleri geniş bir kaseye koyun. Şarap sirkesi, şeker, soya sosu, biber, karanfil, tarçın ve defne yaprağını bir tencerede kaynatın ve soğumaya bırakın. Bifteği üzerine dökün, üzerini örtün ve ara sıra çevirerek gece boyunca buzdolabında marine etmeye bırakın.

Pirinç, maydanoz, tuz ve yağı karıştırın. Eti süzün ve karışımı bifteğin üzerine yayın, yuvarlayın ve iple sıkıca bağlayın.

Tereyağını eritin, soğanı ve bifteği ekleyin ve her tarafı altın rengi oluncaya kadar kızartın. Bifteği neredeyse kaplayacak kadar su dökün, üzerini örtün ve 1 saat veya et yumuşayana kadar pişirin.

Dana köfte

4 kişi için

450g/1lb sade un (çok amaçlı)

1 paket kolay karıştırılabilen maya

10 ml / 2 çay kaşığı pudra şekeri

5 ml / 1 çay kaşığı tuz

300 ml / ¬Ω pt / 1¬° bardak süt veya ılık su

30 ml / 2 yemek kaşığı fıstık yağı

225g/8oz kıyma (öğütülmüş)

1 doğranmış soğan

2 parça zencefil sapı, doğranmış

50g/2oz kıyılmış kaju fıstığı

2,5 ml/¬Ω çay kaşığı beş baharat tozu

15 ml / 1 yemek kaşığı soya sosu

30 ml / 2 yemek kaşığı kuru üzüm sosu

2,5 ml / ¬Ω çay kaşığı şarap sirkesi

15 ml / 1 yemek kaşığı mısır unu (mısır nişastası)

45 ml / 3 yemek kaşığı su

Un, maya, şeker, tuz ve sütü veya ılık suyu karıştırıp yumuşak bir hamur elde edene kadar yoğurun. Üzerini örtüp sıcak bir yerde 45 dakika dinlendirin. Yağı ısıtın ve eti hafifçe kızarana kadar kızartın. Soğanı, zencefili, kaju fıstığını, beş baharat tozunu, soya sosunu, kuru üzüm sosunu ve şarap sirkesini ekleyip kaynatın. Mısır unu ve suyu karıştırıp sosu ekleyin ve 2 dakika pişirin. Soğumaya bırakın. Hamurdan 16 top oluşturun. Presleyin, her birine bir miktar dolgu koyun ve hamuru dolgunun çevresine kapatın. Bir wok veya kızartma tavasına buharlı pişirme sepetine yerleştirin, üzerini örtün ve tuzlu suyun üzerinde yaklaşık 30 dakika boyunca buharda pişirin.

Çıtır Köfte

4 kişi için

225g/8oz kıyma (öğütülmüş)

100 gr/4 oz su kestanesi, doğranmış

2 çırpılmış yumurta

5 ml / 1 çay kaşığı rendelenmiş portakal kabuğu

5 ml/1 çay kaşığı kıyılmış zencefil kökü

5 ml / 1 çay kaşığı tuz

15 ml / 1 yemek kaşığı mısır unu (mısır nişastası)

225 g / 8 oz / 2 su bardağı sade un (çok amaçlı)

5 ml / 1 çay kaşığı kabartma tozu

300 ml / ¬Ω pt / 1¬Ω bardak su

15 ml / 1 yemek kaşığı yer fıstığı yağı

kızartmalık yağ

Eti, kestaneyi, 1 yumurtayı, portakal kabuğunu, zencefili, tuzu ve mısır nişastasını karıştırın. Toplar haline getirin. Kaynayan suyun üzerinde bir buharlı tencerede bir kaseye yerleştirin ve pişene kadar yaklaşık 20 dakika buharda pişirin. Soğumaya bırakın.

Unu, kabartma tozunu, kalan yumurtayı, suyu ve fıstık yağını kalın bir hamur elde edene kadar karıştırın. Köfteleri hamurun içine batırın. Yağı ısıtın ve köfteleri altın rengi olana kadar kızartın.

4 kişi için

450 gr / 1 pound kıyma (öğütülmüş)

¬Ω yumurta akı

5 ml / 1 çay kaşığı istiridye sosu

5 ml / 1 çay kaşığı hafif soya sosu

birkaç damla susam yağı

25g/1oz doğranmış taze maydanoz

45 ml / 3 yemek kaşığı fıstık (yer fıstığı) yağı

25 g / 1 oz / ¬° bardak kaju fıstığı, doğranmış

15 ml / 1 yemek kaşığı et suyu

4 büyük marul yaprağı

Eti yumurta akı, istiridye sosu, soya sosu, susam yağı ve maydanozla karıştırıp dinlenmeye bırakın. Yağın yarısını ısıtın ve kajuları hafif altın rengi olana kadar kızartın ve ardından tavadan çıkarın. Kalan yağı ısıtın ve et karışımını altın rengi kahverengi olana kadar kızartın. Et suyunu ekleyin ve sıvının neredeyse tamamı buharlaşana kadar kızartmaya devam edin. Marul yapraklarını sıcak bir servis tabağına koyun ve etin üzerine kaşıkla dökün. Kızartılmış kaju serperek servis yapın

4 kişi için

60 ml / 4 yemek kaşığı fıstık yağı

450 gr / 1 pound kıyma (öğütülmüş)

1 doğranmış soğan

1 kırmızı biber doğranmış

1 doğranmış yeşil biber

2 dilim doğranmış ananas

45 ml / 3 yemek kaşığı soya sosu

45 ml / 3 yemek kaşığı sek beyaz şarap

30 ml / 2 yemek kaşığı şarap sirkesi

30 ml / 2 yemek kaşığı bal

300 ml / ¬Ω pt / 1¬° su bardağı et suyu

tuz ve taze çekilmiş karabiber

birkaç damla biber yağı

Yağı ısıtın ve eti hafifçe kızarana kadar kızartın. Sebzeleri ve ananasları ekleyip 3 dakika soteleyin. Soya sosunu, şarabı, şarap sirkesini, balı ve et suyunu ekleyin. Kaynatın, kapağını kapatın ve pişene kadar 30 dakika pişirin. Tuz, karabiber ve biber yağıyla tatlandırın.

Yapışkan Pirinçli Dana Topları

4 kişi için

225g/8oz yapışkan pirinç

450 g yağsız dana eti, kıyılmış (öğütülmüş)

1 dilim zencefil kökü, doğranmış

1 küçük soğan doğranmış

1 yumurta, hafifçe çırpılmış

15 ml / 1 yemek kaşığı soya sosu

2,5 ml / ¬Ω çay kaşığı mısır nişastası (mısır nişastası)

2,5 ml / ¬Ω çay kaşığı şeker

2,5 ml / ¬Ω çay kaşığı tuz

5 ml / 1 çay kaşığı pirinç şarabı veya sek şeri

Pirinci 30 dakika suda bekletin, süzün ve bir tabağa yayın. Sığır eti, zencefil, soğan, yumurta, soya sosu, mısır unu, şeker, tuz ve şarap veya şeri karıştırın. Ceviz büyüklüğünde toplar haline getirin. Köfteleri tamamen kaplayacak şekilde pilavın içinde yuvarlayın, ardından fırına dayanıklı sığ bir kaba aralarında boşluk kalacak şekilde yerleştirin. 30 dakika boyunca kaynayan su üzerinde bir raf üzerinde buharlayın. Soya sosu ve Çin hardalı soslarıyla servis yapın.

4 kişi için

450 gr / 1 pound kıyma (öğütülmüş)

1 soğan ince doğranmış

25 gr su kestanesi, ince doğranmış

15 ml / 1 yemek kaşığı soya sosu

15 ml / 1 yemek kaşığı pirinç şarabı veya sek şeri

1 çırpılmış yumurta

100 g / 4 oz / ¬Ω bardak mısır unu (mısır nişastası)

kızartmalık yağ

Sosu için:

15 ml / 1 yemek kaşığı yer fıstığı yağı

1 yeşil biber, küp doğranmış

Şurup içinde 100 g/4 ons ananas parçaları

100g/4oz karışık Çin tatlı turşusu

100 g / 4 oz / ¬Ω fincan esmer şeker

120 ml / 4 fl oz / ¬Ω bardak tavuk suyu

60 ml / 4 yemek kaşığı şarap sirkesi

15 ml / 1 yemek kaşığı domates püresi (salça)

15 ml / 1 yemek kaşığı mısır unu (mısır nişastası)

15 ml / 1 yemek kaşığı soya sosu

tuz ve taze çekilmiş karabiber

Eti, soğanı, kestaneyi, soya sosunu ve şarabı veya şeriyi karıştırın. Toplar haline getirin ve çırpılmış yumurtaya ve ardından mısır ununa bulayın. Altın kahverengi olana kadar birkaç dakika sıcak yağda kızartın. Sıcak bir servis tabağına aktarın ve sıcak tutun.

Bu arada yağı ısıtın ve biberi 2 dakika kızartın. 30 ml / 2 yemek kaşığı ananas şurubu, 15 ml / 1 yemek kaşığı turşu sirkesi, şeker, et suyu, şarap sirkesi, domates püresi, mısır nişastası ve soya sosunu ekleyin. İyice karıştırın, kaynatın ve karışım berraklaşıp koyulaşana kadar karıştırarak pişirin. Geriye kalan ananas ve turşuyu süzüp tavaya ekleyin. Kısık ateşte karıştırarak 2 dakika pişirin. Köftelerin üzerine dökün ve hindistan cevizi serperek servis yapın.

Buharda pişmiş et pudingi

4 kişi için

6 adet kurutulmuş Çin mantarı

225g/8oz kıyma (öğütülmüş)

225g/8oz kıyılmış domuz eti (öğütülmüş)

1 soğan küp şeklinde doğranmış

20 ml / 2 yemek kaşığı mango turşusu

30 ml / 2 yemek kaşığı kuru üzüm sosu

30 ml / 2 yemek kaşığı soya sosu

5 ml/1 çay kaşığı beş baharat tozu

1 diş ezilmiş sarımsak

5 ml / 1 çay kaşığı tuz

1 çırpılmış yumurta

45 ml / 3 yemek kaşığı mısır unu (mısır nişastası)

60 ml / 4 yemek kaşığı doğranmış frenk soğanı

10 lahana yaprağı

300 ml / ¬Ω pt / 1¬° su bardağı et suyu

Mantarları ılık suda 30 dakika bekletin ve ardından süzün. Üst kısımlarını atın ve doğrayın. Kıyma, soğan, acı sos, kuru üzüm sosu, soya sosu, beş baharat tozu ve sarımsakla karıştırıp tuzla tatlandırın. Yumurtayı ve mısır unu ekleyin ve soğanları karıştırın. Buharlı pişirme sepetini lahana yapraklarıyla örtün.

Kıymayı kek şekline getirip yaprakların üzerine dizin. Kapağını kapatın ve et suyunun üzerinde kısık ateşte 30 dakika boyunca buharda pişirin.

Buharda pişmiş kıyma

4 kişi için

450 gr / 1 pound kıyma (öğütülmüş)
2 soğan ince doğranmış
100 g su kestanesi, ince ince
kıyılmış
60 ml / 4 yemek kaşığı soya sosu
60 ml / 4 yemek kaşığı pirinç şarabı veya sek şeri
tuz ve taze çekilmiş karabiber

Tüm malzemeleri karıştırın, tuz ve karabiberle tatlandırın.
Küçük, ısıya dayanıklı bir kaseye bastırın ve kaynayan suyun
üzerinde buharlı pişiriciye yerleştirin. Et pişene ve yemek kendi
lezzetli sosunu oluşturana kadar yaklaşık 20 dakika boyunca
kapağını kapatın ve buharda pişirin.

4 kişi için

30 ml / 2 yemek kaşığı fıstık yağı

2 diş sarımsak, ezilmiş

225g/8oz kıyma (öğütülmüş)

1 doğranmış soğan

50g/2oz su kestanesi, doğranmış

50g/2oz bambu filizleri, doğranmış

15 ml / 1 yemek kaşığı soya sosu

30 ml / 2 yemek kaşığı pirinç şarabı veya sek şeri

15 ml / 1 yemek kaşığı istiridye sosu

Yağı ısıtın ve sarımsakları hafif altın rengi olana kadar kızartın. Eti ekleyin ve her tarafı kızarana kadar karıştırın. Soğanı, kestaneyi ve bambu filizlerini ekleyip 2 dakika soteleyin. Soya sosunu ve şarabı veya şeri ekleyin, üzerini örtün ve 4 dakika pişirin.

4 kişi için

350g/12oz kıyma (öğütülmüş)

1 çırpılmış yumurta

5 ml / 1 çay kaşığı mısır unu (mısır nişastası)

5 ml / 1 çay kaşığı yer fıstığı yağı

tuz ve taze çekilmiş karabiber

4 yeşil soğan (yeşil soğan), doğranmış

8 adet yaylı rulo sarmalayıcı kızartma yağı

Et, yumurta, mısır nişastası, yağ, tuz, karabiber ve frenk soğanını karıştırın. 1 saat dinlenmeye bırakın. Her bir yaylı rulo ambalajın içine karışımdan kaşık dolusu koyun, altını katlayın, yanlarını kıvırın ve ardından ambalajları yuvarlayın ve kenarlarını biraz suyla kapatın. Yağı ısıtın ve ruloları altın rengi olana ve tamamen pişene kadar kızartın. Servis yapmadan önce iyice süzün.

4 kişi için

450 gr / 1 pound kıyma (öğütülmüş)

1 yumurta

100 gr/4 oz galeta unu

60 ml / 4 yemek kaşığı su

15 ml / 1 yemek kaşığı mısır unu (mısır nişastası)

2,5 ml / ¬Ω çay kaşığı tuz

15 ml / 1 yemek kaşığı pirinç şarabı veya sek şeri

30 ml / 2 yemek kaşığı fıstık yağı

45 ml / 3 yemek kaşığı soya sosu

120 ml / 4 fl oz / ¬Ω bardak et suyu

350g/12oz ıspanak, rendelenmiş

Eti, yumurtayı, galeta unu, suyu, mısır nişastasını, tuzu ve şarabı veya şeriyi karıştırın. Ceviz büyüklüğünde toplar haline getirin. Yağı ısıtın ve köfteleri her tarafı altın rengi kahverengi olana kadar kızartın. Tavadan alıp fazla yağını boşaltın. Soya sosunu ve et suyunu tavaya ekleyip köfteleri geri koyun. Kaynatın, kapağını kapatın ve ara sıra çevirerek 30 dakika pişirin. Ispanağı ayrı bir tavada soluncaya kadar buharda pişirin, ardından etin içine karıştırın ve ısıtın.

Tofu ile Tavada Kızartılmış Dana Eti

4 kişi için

20 ml / 4 çay kaşığı mısır unu (mısır nişastası)

10 ml / 2 çay kaşığı soya sosu

10 ml/2 çay kaşığı pirinç şarabı veya sek şeri

225g/8oz kıyma (öğütülmüş)

2,5 ml / ¬Ω çay kaşığı şeker

30 ml / 2 yemek kaşığı fıstık yağı

2,5 ml / ¬Ω çay kaşığı tuz

1 diş ezilmiş sarımsak

120 ml / 4 fl oz / ¬Ω bardak et suyu

225g/8oz tofu, küp şeklinde

2 yeşil soğan (soğan), doğranmış

bir tutam taze çekilmiş biber

Mısır nişastasının yarısını, soya sosunun yarısını ve şarap veya şeri yarısını karıştırın. Eti ekleyin ve iyice karıştırın. Yağı ısıtın ve tuzu ve sarımsağı birkaç saniye soteleyin. Etleri ekleyip rengi dönene kadar soteleyin. Et suyunu ekleyin ve kaynatın. Tofuyu ekleyin, kapağını kapatın ve 2 dakika pişirin. Mısır ununun geri kalanını, soya sosunu ve şarabı veya şeriyi karıştırın, tavaya ekleyin ve kısık ateşte sos koyulaşana kadar karıştırarak pişirin.

Kuşkonmazlı Kuzu

4 kişi için

350g/12oz kuşkonmaz

450g/1lb yağsız kuzu

45 ml / 3 yemek kaşığı fıstık (yer fıstığı) yağı

tuz ve taze çekilmiş karabiber

2 diş sarımsak, ezilmiş

250 ml / 8 fl oz / 1 su bardağı et suyu

1 domates, kabuğu soyulmuş ve dilimler halinde kesilmiş

15 ml / 1 yemek kaşığı mısır unu (mısır nişastası)

45 ml / 3 yemek kaşığı su

15 ml / 1 yemek kaşığı soya sosu

Kuşkonmazı çapraz parçalar halinde kesin ve bir kaseye koyun. Kaynayan suyun üzerine dökün ve 2 dakika bekletin ve süzün. Kuzuyu damarlara karşı ince dilimler halinde kesin. Yağı ısıtın ve eti rengi açılana kadar kızartın. Tuz, karabiber ve sarımsağı ekleyip 5 dakika soteleyin. Kuşkonmazı, et suyunu ve domatesi ekleyin, kaynatın, kapağını kapatın ve 2 dakika pişirin. Mısır unu, su ve soya sosunu macun kıvamına getirin, tavaya alın ve kısık ateşte, sos berraklaşıp koyulaşana kadar karıştırarak pişirin.

Izgara kuzu

4 kişi için

450g/1lb yağsız kuzu eti, şeritler halinde kesilmiş

120 ml / 4 fl oz / ¬Ω bardak soya sosu

120 ml / 4 fl oz / ¬Ω bardak pirinç şarabı veya sek şeri

1 diş ezilmiş sarımsak

3 yeşil soğan (yeşil soğan), doğranmış

5 ml / 1 çay kaşığı susam yağı

tuz ve taze çekilmiş karabiber

Kuzu bir kaseye koyun. Geri kalan malzemeleri karıştırın, kuzu etinin üzerine dökün ve 1 saat marine etmeye bırakın. Kuzu pişene kadar sıcak kömürlerin üzerinde ızgara yapın (kızartın), gerektiği gibi sosla tatlandırın.

4 kişi için

450g/1lb yeşil fasulye, jülyen doğranmış

45 ml / 3 yemek kaşığı fıstık (yer fıstığı) yağı

450g/1lb yağsız kuzu eti, ince dilimlenmiş

250 ml / 8 fl oz / 1 su bardağı et suyu

5 ml / 1 çay kaşığı tuz

2,5 ml / ¬Ω çay kaşığı taze çekilmiş karabiber

15 ml / 1 yemek kaşığı mısır unu (mısır nişastası)

5 ml / 1 çay kaşığı soya sosu

75 ml / 5 yemek kaşığı su

Fasulyeleri kaynar suda 3 dakika haşlayıp iyice süzün. Yağı ısıtın ve etin her tarafı hafifçe kızarana kadar kızartın. Et suyunu ekleyin, kaynatın, kapağını kapatın ve 5 dakika pişirin. Fasulyeleri, tuzu ve karabiberi ekleyin, kapağını kapatın ve et pişene kadar 4 dakika pişirin. Mısır ununu, soya sosunu ve suyu bir macun haline getirin, tavaya alın ve kısık ateşte, sos berraklaşıp koyulaşana kadar karıştırarak pişirin.

Kuzu kavurması

4 kişi için

450g/1lb kemiksiz kuzu omuz, kuşbaşı

15 ml / 1 yemek kaşığı yer fıstığı yağı

4 yeşil soğan (yeşil soğan), dilimlenmiş

10 ml / 2 çay kaşığı rendelenmiş zencefil kökü

200 ml / ¬Ω pt / 1¬° bardak tavuk suyu

30 ml / 2 yemek kaşığı şeker

30 ml / 2 yemek kaşığı soya sosu

15 ml / 1 yemek kaşığı kuru üzüm sosu

15 ml / 1 yemek kaşığı pirinç şarabı veya sek şeri

5 ml / 1 çay kaşığı susam yağı

Kuzu etini kaynar suda 5 dakika haşlayıp süzün. Yağı ısıtın ve kuzuyu altın rengi kahverengi olana kadar yaklaşık 5 dakika kızartın. Tavadan alıp mutfak kağıdı üzerine boşaltın. Tavadan 15ml/1 yemek kaşığı yağın tamamını çıkarın. Yağı tekrar ısıtın ve yeşil soğanları ve zencefili 2 dakika kızartın. Eti kalan malzemelerle birlikte tavaya geri koyun. Kaynatın, kapağını kapatın ve etler yumuşayana kadar 1 saat pişirin.

Brokolili Kuzu

4 kişi için

75 ml / 5 yemek kaşığı fıstık (yer fıstığı) yağı

1 diş ezilmiş sarımsak

450g/1lb kuzu eti, şeritler halinde kesilmiş

450g/1lb brokoli çiçeği

250 ml / 8 fl oz / 1 su bardağı et suyu

5 ml / 1 çay kaşığı tuz

2,5 ml / ¬Ω çay kaşığı taze çekilmiş karabiber

30 ml / 2 yemek kaşığı mısır unu (mısır nişastası)

75 ml / 5 yemek kaşığı su

5 ml / 1 çay kaşığı soya sosu

Yağı ısıtın ve sarımsakları ve kuzu etini iyice pişene kadar kızartın. Brokoliyi ve et suyunu ekleyin, kaynatın, kapağını kapatın ve brokoli yumuşayana kadar yaklaşık 15 dakika pişirin. Tuz ve karabiberle tatlandırın. Mısır unu, su ve soya sosunu macun kıvamına getirin, tavaya alın ve kısık ateşte, sos berraklaşıp koyulaşana kadar karıştırarak pişirin.

Su Kestaneli Kuzu

4 kişi için

350g/12oz yağsız kuzu eti, parçalar halinde kesilmiş

15 ml / 1 yemek kaşığı yer fıstığı yağı

2 yeşil soğan (yeşil soğan), dilimlenmiş

2 dilim zencefil kökü, doğranmış

2 kırmızı biber, doğranmış

600 ml / 1 pt / 2 Ω bardak su

100g/4oz şalgam, küp şeklinde

1 havuç küp şeklinde kesilmiş

1 tarçın çubuğu

2 diş yıldız anason

2,5 ml / ¬Ω çay kaşığı şeker

15 ml / 1 yemek kaşığı soya sosu

15 ml / 1 yemek kaşığı pirinç şarabı veya sek şeri

100g/4oz su kestanesi

15 ml / 1 yemek kaşığı mısır unu (mısır nişastası)

45 ml / 3 yemek kaşığı su

Kuzu etini kaynar suda 2 dakika haşlayıp süzün. Yağı ısıtın ve taze soğanı, zencefili ve biberleri 30 saniye kızartın. Kuzu ekleyin ve baharatlarla iyice kaplanana kadar soteleyin. Kestane, mısır nişastası ve su dışında kalan malzemeleri ekleyin, kaynatın, kapağını kısmen kapatın ve kuzu eti yumuşayıncaya kadar yaklaşık 1 saat pişirin. Ara sıra kontrol edin ve gerekirse kaynar su ilave edin. Tarçın ve anasonu çıkarın, kestaneleri ekleyin ve kapağı açık olarak yaklaşık 5 dakika pişirin. Mısır ununu ve suyu macun kıvamına gelinceye kadar karıştırın ve sosla biraz

karıştırın. Kısık ateşte, karıştırarak sos koyulaşana kadar pişirin.

Lahanalı Kuzu

4 kişi için

45 ml / 3 yemek kaşığı fıstık (yer fıstığı) yağı

450g/1lb kuzu eti, ince dilimlenmiş

tuz ve taze çekilmiş karabiber

1 diş ezilmiş sarımsak

450 g Çin lahanası, rendelenmiş

120 ml / 4 fl oz / ¬Ω bardak et suyu

15 ml / 1 yemek kaşığı mısır unu (mısır nişastası)

15 ml / 1 yemek kaşığı soya sosu

60 ml / 4 yemek kaşığı su

Yağı ısıtın ve kuzu eti, tuz, karabiber ve sarımsağı hafifçe kızarıncaya kadar kızartın. Lahanayı ekleyin ve yağla kaplanana kadar karıştırın. Et suyunu ekleyin, kaynatın, kapağını kapatın ve 10 dakika pişirin. Mısır ununu, soya sosunu ve suyu bir macun haline getirin, tavaya alın ve kısık ateşte, sos berraklaşıp koyulaşana kadar karıştırarak pişirin.

Kuzu Chow Mein

4 kişi için

450g/1lb yumurtalı erişte

45 ml / 3 yemek kaşığı fıstık (yer fıstığı) yağı

450g/1lb kuzu eti, dilimlenmiş

1 soğan dilimlenmiş

1 kereviz kalbi, dilimlenmiş

100 gr/4 oz mantar

100g/4oz fasulye filizi

20 ml / 2 çay kaşığı mısır unu (mısır nişastası)

175 ml / 6 fl oz / ¬œ bardak su

tuz ve taze çekilmiş karabiber

Erişteleri kaynar suda yaklaşık 8 dakika haşlayıp süzün. Yağı ısıtın ve eti hafifçe kızarana kadar kızartın. Soğanı, kerevizi, mantarları ve fasulye filizlerini ekleyin ve

5 dakika soteleyin. Mısır unu ve suyu karıştırıp tencereye dökün ve kaynatın. Kısık ateşte, karıştırarak sos koyulaşana kadar pişirin. Eriştelerin üzerine dökün ve hemen servis yapın.

Kuzu köri

4 kişi için

30 ml / 2 yemek kaşığı fıstık yağı

2 diş sarımsak, ezilmiş

1 dilim zencefil kökü, doğranmış

450g/1lb yağsız kuzu eti, kuşbaşı

100g/4oz patates, küp şeklinde

2 havuç, küp şeklinde

15 ml / 1 yemek kaşığı köri tozu

250 ml / 8 fl oz / 1 su bardağı tavuk suyu

100g/4oz mantar, dilimlenmiş

1 yeşil biber küp şeklinde doğranmış

50g/2oz su kestanesi, dilimlenmiş

Yağı ısıtın ve sarımsak ve zencefili hafif altın rengi olana kadar kızartın. Kuzu ekleyin ve 5 dakika kızartın. Patatesi ve havuçları ekleyip 3 dakika soteleyin. Köri tozunu ekleyin ve 1 dakika soteleyin. Et suyunu ekleyin, kaynatın, kapağını kapatın ve yaklaşık 25 dakika pişirin. Mantar, biber ve kestaneleri ekleyip 5 dakika pişirin. Daha koyu bir sos tercih ederseniz, sosu azaltmak için birkaç dakika kaynatın veya biraz suyla karıştırılmış 15 ml/1 yemek kaşığı mısır nişastasıyla koyulaştırın.

kokulu kuzu

4 kişi için

30 ml / 2 yemek kaşığı fıstık yağı

450g/1lb yağsız kuzu eti, kuşbaşı

2 yeşil soğan (soğan), doğranmış

1 diş ezilmiş sarımsak

1 dilim zencefil kökü, doğranmış

120 ml / 4 fl oz / ¬Ω bardak soya sosu

15 ml / 1 yemek kaşığı pirinç şarabı veya sek şeri

15 ml / 1 yemek kaşığı esmer şeker

2,5 ml / ¬Ω çay kaşığı tuz

taze kara biber

300 ml / ¬Ω pt / 1¬° bardak su

Yağı ısıtın ve eti hafifçe kızarana kadar kızartın. Soğanı, sarımsağı ve zencefili ekleyip 2 dakika soteleyin. Soya sosu, şarap veya şeri, şeker ve tuzu ekleyin ve biberle tatlandırın. Malzemeleri iyice karıştırın. Suyu ekleyin, kaynatın, kapağını kapatın ve 2 saat pişirin.

Izgara Kuzu Küpleri

4 kişi için

120 ml / 4 fl oz / ¬Ω bardak yer fıstığı (yer fıstığı) yağı

60 ml / 4 yemek kaşığı şarap sirkesi

2 diş sarımsak, ezilmiş

15 ml / 1 yemek kaşığı soya sosu

5 ml / 1 çay kaşığı tuz

2,5 ml / ¬Ω çay kaşığı taze çekilmiş karabiber

2,5 ml / ¬Ω çay kaşığı kekik

450g/1lb yağsız kuzu eti, kuşbaşı

Tüm malzemeleri karıştırın, örtün ve gece boyunca marine etmeye bırakın. Tahliye etmek. Eti bir ızgaraya yerleştirin ve kuzu yumuşayıncaya ve hafifçe kızarıncaya kadar birkaç kez çevirerek yaklaşık 15 dakika ızgara yapın.

Mangetoutlu Kuzu

4 kişi için

2 diş sarımsak, ezilmiş

2,5 ml / ¬Ω çay kaşığı tuz

450g/1lb kuzu eti, doğranmış

30 ml / 2 yemek kaşığı mısır unu (mısır nişastası)

30 ml / 2 yemek kaşığı fıstık yağı

450 g / 1 lb kar bezelyesi, 4'e bölünmüş

250 ml / 8 fl oz / 1 su bardağı tavuk suyu

10 ml / 2 çay kaşığı rendelenmiş limon kabuğu

30 ml / 2 yemek kaşığı bal

30 ml / 2 yemek kaşığı soya sosu

5 ml / 1 çay kaşığı öğütülmüş kişniş

5 ml/1 çay kaşığı kimyon tohumu, öğütülmüş

30 ml / 2 yemek kaşığı domates püresi (salça)

30 ml / 2 yemek kaşığı şarap sirkesi

Sarımsak ve tuzu karıştırıp kuzu etiyle karıştırın. Kuzu etini mısır unu ile yayın. Yağı ısıtın ve kuzu eti pişene kadar kızartın. Kar bezelyelerini ekleyin ve 2 dakika soteleyin. Mısır ununun geri kalanını et suyuyla karıştırın ve diğer malzemelerle birlikte tavaya dökün. Kaynatın, karıştırın, ardından 3 dakika pişirin.

Marine edilmiş Kuzu

4 kişi için

450g/1lb yağsız kuzu

2 diş sarımsak, ezilmiş

5 ml / 1 çay kaşığı tuz

120 ml / 4 fl oz / ¬Ω bardak soya sosu
5 ml / 1 çay kaşığı kereviz tuzu
kızartmalık yağ

Kuzu bir tencereye koyun ve üzerini soğuk suyla örtün. Sarımsak ve tuzu ekleyin, kaynatın, kapağını kapatın ve kuzu pişene kadar 1 saat pişirin. Tavadan çıkarıp süzün. Kuzu eti bir kaseye koyun, soya sosunu ekleyin ve üzerine kereviz tuzu serpin. Örtün ve 2 saat veya gece boyunca marine etmeye bırakın. Kuzu küçük parçalar halinde doğrayın. Yağı ısıtın ve kuzu eti ufalanana kadar kızartın. Servis yapmadan önce iyice süzün.

Mantarlı kuzu

4 kişi için

45 ml / 3 yemek kaşığı fıstık (yer fıstığı) yağı
350g/12oz mantar, dilimlenmiş
100g/4oz bambu filizleri, dilimlenmiş
3 dilim zencefil kökü, doğranmış

450g/1lb kuzu eti, ince dilimlenmiş

250 ml / 8 fl oz / 1 su bardağı et suyu

15 ml / 1 yemek kaşığı mısır unu (mısır nişastası)

15 ml / 1 yemek kaşığı soya sosu

60 ml / 4 yemek kaşığı su

Yağı ısıtın ve mantarları, bambu filizlerini ve zencefili 3 dakika kızartın. Kuzu ekleyin ve hafifçe kızarana kadar kızartın. Et suyunu ekleyin, kaynatın, kapağını kapatın ve kuzu eti pişene ve sos yarı yarıya azalıncaya kadar yaklaşık 30 dakika pişirin. Mısır unu, soya sosu ve suyu karıştırın, tavaya alın ve kısık ateşte sos berraklaşıp koyulaşana kadar karıştırarak pişirin.

İstiridye Soslu Kuzu

4 kişi için

30 ml / 2 yemek kaşığı fıstık yağı

1 diş ezilmiş sarımsak

1 dilim ince kıyılmış zencefil

450g/1lb yağsız aiamb, dilimlenmiş

250 ml / 8 fl oz / 1 su bardağı et suyu

30 ml / 2 yemek kaşığı istiridye sosu

15 ml / 1 yemek kaşığı pirinç şarabı veya şeri

5 ml / 1 çay kaşığı şeker

Yağı sarımsak ve zencefille ısıtın ve hafifçe kızarana kadar kızartın. Kuzu ekleyin ve hafifçe kızarana kadar yaklaşık 3 dakika soteleyin. Et suyunu, istiridye sosunu, şarabı veya şeri ve şekeri ekleyin, kaynatın, karıştırın, ardından kapağını kapatın ve kuzu eti tamamen pişene kadar ara sıra karıştırarak yaklaşık 30 dakika pişirin. Kapağı çıkarın ve sos azalıp koyulaşana kadar yaklaşık 4 dakika karıştırarak pişirmeye devam edin.

Kırmızı Pişmiş Kuzu

4 kişi için

30 ml / 2 yemek kaşığı fıstık yağı

450g/1lb kuzu pirzolası

250 ml / 8 fl oz / 1 su bardağı tavuk suyu

1 soğan, dilimler halinde kesilmiş

120 ml / 4 fl oz / ¬Ω bardak soya sosu

5 ml / 1 çay kaşığı tuz

1 dilim zencefil kökü, doğranmış

Yağı ısıtın ve pirzolaları her iki tarafı da altın rengi kahverengi olana kadar kızartın. Kalan malzemeleri ekleyin, kaynatın, kapağını kapatın ve kuzu yumuşayıncaya ve sos azalıncaya kadar yaklaşık 1 saat pişirin.

Frenk soğanlı kuzu

4 kişi için

350g/12oz yağsız kuzu eti, kuşbaşı

30 ml / 2 yemek kaşığı soya sosu

30 ml / 2 yemek kaşığı pirinç şarabı veya sek şeri

30 ml / 2 yemek kaşığı fıstık yağı

2 diş sarımsak, ezilmiş

8 yeşil soğan (yeşil soğan), kalın dilimlenmiş

Kuzu bir kaseye koyun. 15ml/1 yemek kaşığı soya sosu, 15ml/1 yemek kaşığı şarap veya şeri ve 15ml/1 yemek kaşığı yağı karıştırıp kuzu eti ekleyin. 30 dakika kadar maserasyona bırakın.

Kalan yağı ısıtın ve sarımsakları hafif altın rengi olana kadar kızartın. Eti süzün, tavaya ekleyin ve 3 dakika kızartın. Salçaları ekleyip 2 dakika soteleyin. Marine edilmiş sosu ve kalan soya sosunu ve şarabı veya şeri ekleyin ve 3 dakika soteleyin.

Yumuşak kuzu biftekleri

4 kişi için

450g/1lb yağsız kuzu

15 ml / 1 yemek kaşığı soya sosu

10 ml/2 çay kaşığı pirinç şarabı veya sek şeri

2,5 ml / ¬Ω çay kaşığı tuz

1 küçük soğan doğranmış

45 ml / 3 yemek kaşığı fıstık (yer fıstığı) yağı

Kuzu eti damarlara karşı ince dilimler halinde kesin ve bir tabağa koyun. Soya sosu, şarap veya şeri, tuz ve yağı karıştırın, kuzu etinin üzerine dökün, üzerini örtün ve 1 saat marine edin. İyice boşaltın. Yağı ısıtın ve kuzu eti yumuşayana kadar yaklaşık 2 dakika kızartın.

Kuzu güveç

4 kişi için

45 ml / 3 yemek kaşığı fıstık (yer fıstığı) yağı

2 diş sarımsak, ezilmiş

5 ml / 1 çay kaşığı soya sosu

450g/1lb yağsız kuzu eti, kuşbaşı

taze kara biber

30 ml / 2 yemek kaşığı sade un (çok amaçlı)

300 ml / ¬Ω pt / 1¬° bardak su

15 ml / 1 yemek kaşığı domates püresi (salça)

1 defne yaprağı

100g/4oz mantar, yarıya bölünmüş

3 havuç, dörde bölünmüş

6 küçük soğan, dörde bölünmüş

15 ml / 1 yemek kaşığı şeker

1 sap kereviz, dilimlenmiş

3 patates, küp şeklinde

15 ml / 1 yemek kaşığı pirinç şarabı veya sek şeri

50g/2oz bezelye

15 ml / 1 yemek kaşığı kıyılmış taze maydanoz

Yağın yarısını ısıtın. Sarımsak ve soya sosunu kuzu etiyle karıştırın ve biberle tatlandırın. Eti hafifçe kızarana kadar kızartın. Unu serpin ve un emilene kadar karıştırarak pişirin. Suyu, domates püresini ve defne yaprağını ekleyin, kaynatın, kapağını kapatın ve 30 dakika pişirin. Kalan yağı ısıtın ve mantarları 3 dakika kızartın, ardından tavadan çıkarın. Havucu ve soğanı tavaya ekleyip 2 dakika soteleyin. Şeker serpin ve sebzeler parıldayana kadar ısıtın. Mantarları, havuçları, soğanları, kerevizleri ve patatesleri güvece ekleyin, tekrar örtün ve 1 saat daha pişirin. Şarap veya şeri, bezelye ve maydanozu ekleyin, üzerini örtün ve 30 dakika daha pişirin.

4 kişi için

350g/12oz yağsız kuzu eti, şeritler halinde kesilmiş

1 dilim zencefil kökü, ince doğranmış

3 çırpılmış yumurta

45 ml / 3 yemek kaşığı fıstık (yer fıstığı) yağı

2,5 ml / ¬Ω çay kaşığı tuz

5 ml / 1 çay kaşığı pirinç şarabı veya sek şeri

Kuzu, zencefil ve yumurtayı karıştırın. Yağı ısıtın ve kuzu karışımını 2 dakika kızartın. Tuzu ve şarabı veya şeri ekleyin ve 2 dakika soteleyin.

Baharatlı Kızarmış Domuz Eti

4 kişi için

450g/1lb domuz eti, doğranmış

tuz ve biber

30 ml / 2 yemek kaşığı soya sosu

30 ml / 2 yemek kaşığı kuru üzüm sosu

45 ml / 3 yemek kaşığı fıstık (yer fıstığı) yağı

120 ml / 4 fl oz / ½ bardak pirinç şarabı veya sek şeri

300 ml / ½ pt / 1¼ su bardağı tavuk suyu

5 ml/1 çay kaşığı beş baharat tozu

6 yeşil soğan (soğan), doğranmış

225g/8oz istiridye mantarı, dilimlenmiş

15 ml / 1 yemek kaşığı mısır unu (mısır nişastası)

Eti tuz ve karabiberle tatlandırın. Bir tabağa koyun ve soya sosu ve kuru üzüm sosunu karıştırın. Kapağını kapatıp 1 saat kadar marine etmeye bırakın. Yağı ısıtın ve eti altın kahverengi olana kadar kızartın. Şarap veya şeri, et suyu ve beş baharat tozunu ekleyin, kaynatın, üzerini örtün ve 1 saat pişirin. Yeşil soğanları ve mantarları ekleyin, kapağını açın ve 4 dakika daha pişirin. Mısır nişastasını biraz suyla karıştırın, kaynatın ve sos koyulaşana kadar 3 dakika karıştırarak pişirin.

Buharda pişmiş domuz çörekleri

12 önce

30 ml / 2 yemek kaşığı kuru üzüm sosu

15 ml / 1 yemek kaşığı istiridye sosu

15 ml / 1 yemek kaşığı soya sosu

2,5 ml / ½ çay kaşığı susam yağı

30 ml / 2 yemek kaşığı fıstık yağı

10 ml / 2 çay kaşığı rendelenmiş zencefil kökü

1 diş ezilmiş sarımsak

300 ml / ½ pt / 1¼ bardak su

15 ml / 1 yemek kaşığı mısır unu (mısır nişastası)

225g/8oz pişmiş domuz eti, ince doğranmış

4 yeşil soğan (soğan), ince doğranmış

350 g / 12 oz / 3 su bardağı sade un (çok amaçlı)

15 ml / 1 yemek kaşığı kabartma tozu
2,5 ml / ½ çay kaşığı tuz
50 g / 2 oz / ½ bardak domuz yağı
5 ml / 1 çay kaşığı şarap sirkesi
12x13 cm kare yağlı kağıt

Kuru üzüm, istiridye ve soya sosları ile susam yağını karıştırın. Yağı ısıtın ve zencefil ve sarımsağı hafif altın rengi olana kadar kızartın. Sos karışımını ekleyip 2 dakika soteleyin. 120 ml / 4 fl oz / ½ bardak suyu mısır unuyla karıştırın ve tavaya karıştırın. Kaynatın, karıştırın, ardından karışım koyulaşana kadar pişirin. Domuz eti ve soğanı ekleyin ve soğumaya bırakın.

Un, kabartma tozu ve tuzu karıştırın. Karışım ince ekmek kırıntılarına benzeyene kadar domuz yağını ovalayın. Şarap sirkesini ve kalan suyu karıştırın ve ardından unla karıştırarak sert bir hamur oluşturun. Unlu bir yüzeyde hafifçe yoğurun, üzerini örtün ve 20 dakika dinlendirin.

Hamuru tekrar yoğurup 12 parçaya bölüp her birini top haline getirin. Unlu bir yüzeyde 15 cm/6 cm çapında daireler halinde açın. Her dairenin ortasına kaşık dolusu dolguyu yerleştirin, kenarlarını suyla fırçalayın ve dolguyu kapatmak için kenarlarını sıkıştırın. Her parşömen karesinin bir tarafını yağla fırçalayın. Her topuzu dikiş tarafı aşağı gelecek şekilde kare bir kağıdın üzerine yerleştirin. Çörekleri kaynar suyun üzerinde bir buharlı pişirici rafına tek bir kat halinde yerleştirin. Çöreklerin üzerini örtün ve pişene kadar yaklaşık 20 dakika buharda pişirin.

4 kişi için

6 adet kurutulmuş Çin mantarı

30 ml / 2 yemek kaşığı fıstık yağı

450g/1lb domuz eti, şeritler halinde kesilmiş

2 soğan dilimlenmiş

Şeritler halinde kesilmiş 2 kırmızı biber

350g/12oz beyaz lahana, kıyılmış

2 diş sarımsak, kıyılmış

2 parça zencefil sapı, doğranmış

30 ml / 2 yemek kaşığı bal

45 ml / 3 yemek kaşığı soya sosu

120 ml / 4 fl oz / ½ bardak sek beyaz şarap

tuz ve biber

10 ml / 2 çay kaşığı mısır unu (mısır nişastası)

15 ml / 1 yemek kaşığı su

Mantarları ılık suda 30 dakika bekletin ve ardından süzün. Sapları atın ve üst kısımlarını kesin. Yağı ısıtın ve eti hafifçe kızarana kadar kızartın. Sebzeleri, sarımsağı ve zencefili ekleyip 1 dakika soteleyin. Balı, soya sosunu ve şarabı ekleyin, kaynatın, kapağını kapatın ve et pişene kadar 40 dakika pişirin. Tuz ve karabiberle tatlandırın. Mısır unu ve suyu karıştırıp tencereye alın. Sürekli karıştırarak kaynatın, ardından 1 dakika pişirin.

4 kişi için

30 ml / 2 yemek kaşığı fıstık yağı

450g/1lb yağsız domuz eti, dilimlenmiş

tuz ve taze çekilmiş karabiber

1 diş ezilmiş sarımsak

1 soğan ince doğranmış

½ lahana, kıyılmış

450g/1lb domates, derisi soyulmuş ve dörde bölünmüş

250 ml / 8 fl oz / 1 su bardağı et suyu

30 ml / 2 yemek kaşığı mısır unu (mısır nişastası)

15 ml / 1 yemek kaşığı soya sosu

60 ml / 4 yemek kaşığı su

Yağı ısıtın ve domuz eti, tuz, karabiber, sarımsak ve soğanı hafif altın rengi olana kadar kızartın. Lahanayı, domatesleri ve et suyunu ekleyin, kaynatın, kapağını kapatın ve lahana yumuşayana kadar 10 dakika pişirin. Mısır ununu, soya sosunu ve suyu bir macun haline getirin, tavaya alın ve kısık ateşte, sos berraklaşıp koyulaşana kadar karıştırarak pişirin.

4 kişi için

350g/12oz pastırma

2 yeşil soğan (soğan), doğranmış

1 dilim zencefil kökü, doğranmış

1 tarçın çubuğu

3 diş yıldız anason

45 ml / 3 yemek kaşığı esmer şeker

600 ml / 1 pt / 2½ su bardağı su

15 ml / 1 yemek kaşığı yer fıstığı yağı

15 ml / 1 yemek kaşığı soya sosu

5 ml / 1 çay kaşığı domates püresi (salça)

5 ml / 1 çay kaşığı istiridye sosu

100gr/4oz Çin lahanası kalpleri

100g/4oz pak choi

Domuz etini 10/4 cm'lik parçalar halinde kesin ve bir kaseye koyun. Frenk soğanı, zencefil, tarçın, yıldız anason, şeker ve suyu ekleyip 40 dakika bekletin. Yağı ısıtın, domuz etini marinattan çıkarın ve tavaya ekleyin. Hafifçe kızarana kadar kızartın ve ardından soya sosunu, domates püresini ve istiridye sosunu ekleyin. Kaynatın ve domuz eti yumuşayana ve sıvı azalıncaya kadar yaklaşık 30 dakika pişirin, gerekirse pişirme sırasında biraz daha su ekleyin.

Bu arada, lahana kalplerini ve pak choi'yi kaynar su üzerinde yaklaşık 10 dakika yumuşayana kadar buharda pişirin. Sıcak bir servis tabağına koyun, üzerine domuz eti koyun ve sosu üzerine dökün.

Kerevizli domuz eti

4 kişi için

45 ml / 3 yemek kaşığı fıstık (yer fıstığı) yağı

1 diş ezilmiş sarımsak

1 taze soğan (yeşil soğan), doğranmış

1 dilim zencefil kökü, doğranmış

225 g/8 oz yağsız domuz eti, şeritler halinde kesilmiş

100g/4oz kereviz, ince dilimlenmiş

45 ml / 3 yemek kaşığı soya sosu

15 ml / 1 yemek kaşığı pirinç şarabı veya sek şeri

5 ml / 1 çay kaşığı mısır unu (mısır nişastası)

Yağı ısıtın ve sarımsak, taze soğan ve zencefili hafif altın rengi olana kadar soteleyin. Domuz eti ekleyin ve kızarıncaya kadar 10 dakika kızartın. Kerevizi ekleyin ve 3 dakika soteleyin. Geri kalan malzemeleri ekleyin ve 3 dakika soteleyin.

4 kişi için

4 kurutulmuş Çin mantarı

100 g / 4 oz / 1 su bardağı kestane

30 ml / 2 yemek kaşığı fıstık yağı

2,5 ml / ½ çay kaşığı tuz

450g / 1lb yağsız domuz eti, küp şeklinde

15 ml / 1 yemek kaşığı soya sosu

375 ml / 13 fl oz / 1½ su bardağı tavuk suyu

100g/4oz su kestanesi, dilimlenmiş

Mantarları ılık suda 30 dakika bekletin ve ardından süzün. Saplarını atın ve üst kısımlarını ikiye bölün. Kestaneleri kaynar suda 1 dakika haşlayıp süzün. Yağı ve tuzu ısıtın ve ardından eti hafifçe kızarana kadar kızartın. Soya sosunu ekleyip 1 dakika soteleyin. Et suyunu ekleyip kaynatın. Kestaneleri ve su kestanelerini ekleyin, tekrar kaynatın, kapağını kapatın ve et yumuşayana kadar yaklaşık 1 1/2 saat pişirin.

Domuz pirzolası Suey

4 kişi için

100g/4oz bambu filizleri, şeritler halinde kesilmiş

100g/4oz su kestanesi, ince dilimlenmiş

60 ml / 4 yemek kaşığı fıstık yağı

3 yeşil soğan (yeşil soğan), doğranmış

2 diş sarımsak, ezilmiş

1 dilim zencefil kökü, doğranmış

225 g/8 oz yağsız domuz eti, şeritler halinde kesilmiş

45 ml / 3 yemek kaşığı soya sosu

15 ml / 1 yemek kaşığı pirinç şarabı veya sek şeri

5 ml / 1 çay kaşığı tuz

5 ml / 1 çay kaşığı şeker

taze kara biber

15 ml / 1 yemek kaşığı mısır unu (mısır nişastası)

Bambu filizlerini ve kestaneleri kaynar suda 2 dakika haşlayın, ardından süzün ve kurulayın. 45ml/3 yemek kaşığı yağı ısıtın ve yeşil soğanı, sarımsağı ve zencefili hafif altın rengi olana kadar soteleyin. Domuz eti ekleyin ve 4 dakika soteleyin. Tavadan çıkarın.

Kalan yağı ısıtın ve sebzeleri 3 dakika kızartın. Domuz eti, soya sosu, şarap veya şeri, tuz, şeker ve bir tutam biberi ekleyip 4 dakika soteleyin. Mısır ununu biraz suyla karıştırın, tavaya alın ve kısık ateşte sos berraklaşıp koyulaşana kadar karıştırarak pişirin.

Domuz Chow Mein

4 kişi için

4 kurutulmuş Çin mantarı

30 ml / 2 yemek kaşığı fıstık yağı

2,5 ml / ½ çay kaşığı tuz

4 yeşil soğan (yeşil soğan), doğranmış

225 g/8 oz yağsız domuz eti, şeritler halinde kesilmiş

15 ml / 1 yemek kaşığı soya sosu

5 ml / 1 çay kaşığı şeker

3 sap kereviz, doğranmış

1 soğan, dilimler halinde kesilmiş

100g/4oz mantar, yarıya bölünmüş

120 ml / 4 fl oz / ½ su bardağı tavuk suyu

kızarmış noodle

Mantarları ılık suda 30 dakika bekletin ve ardından süzün. Sapları atın ve üst kısımlarını kesin. Yağı ve tuzu ısıtıp taze soğanları yumuşayana kadar kavurun. Domuz eti ekleyin ve hafifçe kızarana kadar soteleyin. Soya sosu, şeker, kereviz, soğan ve taze ve kurutulmuş mantarları karıştırıp, malzemeler iyice karışana kadar yaklaşık 4 dakika soteleyin. Et suyunu ekleyin ve 3 dakika pişirin. Erişitelerin yarısını tavaya ekleyin ve yavaşça karıştırın, ardından kalan erişteleri ekleyin ve iyice ısınana kadar karıştırın.

4 kişi için

100g/4oz fasulye filizi

45 ml / 3 yemek kaşığı fıstık (yer fıstığı) yağı

100gr/4oz Çin lahanası, rendelenmiş

225g/8oz kızarmış domuz eti, dilimlenmiş

5 ml / 1 çay kaşığı tuz

15 ml / 1 yemek kaşığı pirinç şarabı veya sek şeri

Fasulye filizlerini kaynar suda 4 dakika haşlayıp süzün. Yağı ısıtın ve fasulye filizlerini ve lahanayı yumuşayana kadar kızartın. Domuz eti, tuz ve şeri ekleyin ve iyice ısınana kadar soteleyin. Süzülmüş erişetelerin yarısını tavaya ekleyin ve iyice ısınana kadar yavaşça karıştırın. Kalan erişteleri ekleyin ve iyice ısınana kadar karıştırın.

Hint turşusu ile domuz eti

4 kişi için

5 ml/1 çay kaşığı beş baharat tozu

5 ml / 1 çay kaşığı köri tozu

450g/1lb domuz eti, şeritler halinde kesilmiş

30 ml / 2 yemek kaşığı fıstık yağı

6 yeşil soğan (yeşil soğan), şeritler halinde kesilmiş

1 çubuk kereviz, şeritler halinde kesilmiş

100g/4oz fasulye filizi

1 200g kavanoz Çin tatlı turşusu, doğranmış

45 ml / 3 yemek kaşığı mango turşusu

30 ml / 2 yemek kaşığı soya sosu

30 ml / 2 yemek kaşığı domates püresi (salça)

150 ml / ¼ pt / cömert ½ bardak tavuk suyu

10 ml / 2 çay kaşığı mısır unu (mısır nişastası)

Baharatları domuz etine iyice sürün. Yağı ısıtın ve eti 8 dakika veya pişene kadar kızartın. Tavadan çıkarın. Sebzeleri tavaya ekleyin ve 5 dakika soteleyin. Mısır unu hariç kalan tüm malzemelerle birlikte domuz etini tavaya geri koyun. Tamamen ısıtılana kadar karıştırın. Mısır ununu biraz suyla karıştırıp tencereye alın ve kısık ateşte sos koyulaşana kadar karıştırarak pişirin.

Salatalıklı domuz eti

4 kişi için

225 g/8 oz yağsız domuz eti, şeritler halinde kesilmiş

30 ml / 2 yemek kaşığı sade un (çok amaçlı)

tuz ve taze çekilmiş karabiber

60 ml / 4 yemek kaşığı fıstık yağı

225g/8oz salatalık, soyulmuş ve dilimlenmiş

30 ml / 2 yemek kaşığı soya sosu

Domuz etini unla karıştırın ve tuz ve karabiberle tatlandırın. Yağı ısıtın ve domuz etini pişene kadar yaklaşık 5 dakika kızartın. Salatalık ve soya sosunu ekleyip 4 dakika daha soteleyin. Baharatını kontrol edip ayarlayın ve kızarmış pilavla servis yapın.

Çıtır Domuz Paketleri

4 kişi için

4 kurutulmuş Çin mantarı

30 ml / 2 yemek kaşığı fıstık yağı

225g domuz filetosu, kıyılmış (öğütülmüş)

50g/2oz soyulmuş ve doğranmış karides

15 ml / 1 yemek kaşığı soya sosu

15 ml / 1 yemek kaşığı mısır unu (mısır nişastası)

30 ml / 2 yemek kaşığı su

8 adet yaylı rulo sarmalayıcı

100 g / 4 oz / 1 su bardağı mısır unu (mısır nişastası)

kızartmalık yağ

Mantarları ılık suda 30 dakika bekletin ve ardından süzün. Saplarını atın ve üst kısımlarını ince ince doğrayın. Yağı ısıtın ve mantarları, domuz etini, karidesleri ve soya sosunu 2 dakika kızartın. Mısır ununu ve suyu bir macun elde edene kadar karıştırın ve dolguyu hazırlamak için karışıma karıştırın.

Ambalajları şeritler halinde kesin, her birinin ucuna biraz iç malzeme koyun ve üçgen şeklinde yuvarlayın, biraz un ve su karışımıyla kapatın. Mısır unu ile cömertçe serpin. Yağı ısıtın ve üçgenleri gevrek ve altın rengi olana kadar kızartın. Servis yapmadan önce iyice süzün.

Domuz Yumurta Rolls

4 kişi için

225g/8oz yağsız domuz eti, kıyılmış

1 dilim zencefil kökü, doğranmış

1 doğranmış soğan

15 ml / 1 yemek kaşığı soya sosu

15 ml / 1 yemek kaşığı su

12 yumurta rulosu derisi

1 çırpılmış yumurta

kızartmalık yağ

Domuz eti, zencefil, soğan, soya sosu ve suyu karıştırın. Her bir derinin ortasına dolgudan bir miktar koyun ve kenarlarını çırpılmış yumurta ile boyayın. Yanları katlayın ve ardından yumurta rulosunu kendinizden uzağa doğru yuvarlayın ve kenarlarını yumurta ile kapatın. Domuz eti pişene kadar 30 dakika boyunca buharlı tencerede bir raf üzerinde buharda pişirin. Yağı ısıtın ve gevrek ve altın rengi olana kadar birkaç dakika kızartın.

Domuz eti ve karidesli yumurta ruloları

4 kişi için

30 ml / 2 yemek kaşığı fıstık yağı

225g/8oz yağsız domuz eti, kıyılmış

6 yeşil soğan (soğan), doğranmış

225g/8oz fasulye filizi

100g/4oz soyulmuş karides, doğranmış

15 ml / 1 yemek kaşığı soya sosu

2,5 ml / ½ çay kaşığı tuz

12 yumurta rulosu derisi

1 çırpılmış yumurta

kızartmalık yağ

Yağı ısıtın ve domuz eti ve taze soğanı hafif altın rengi olana kadar kızartın. Bu arada fasulye filizlerini kaynar suda 2 dakika haşlayıp süzün. Fasulye filizlerini tavaya ekleyin ve 1 dakika karıştırarak kızartın. Karidesleri, soya sosunu ve tuzu ekleyip 2 dakika kızartın. Soğumaya bırakın.

Her derinin ortasına bir miktar dolgu koyun ve kenarlarını çırpılmış yumurta ile fırçalayın. Kenarlarını katlayın ve ardından yumurta rulolarını yuvarlayın ve kenarlarını yumurtayla kapatın. Yağı ısıtın ve yumurta rulolarını gevrek ve altın rengi olana kadar kızartın.

Yumurtalı Kızarmış Domuz Eti

4 kişi için

450g / 1lb yağsız domuz eti

30 ml / 2 yemek kaşığı fıstık yağı

1 doğranmış soğan

90 ml / 6 yemek kaşığı soya sosu

45 ml / 3 yemek kaşığı pirinç şarabı veya sek şeri

15 ml / 1 yemek kaşığı esmer şeker

3 adet haşlanmış yumurta

Bir tencerede suyu kaynatın, üzerine etleri ekleyin, tekrar kaynatın ve suyunu çekene kadar pişirin. Tavadan çıkarın, iyice süzün ve ardından küpler halinde kesin. Yağı ısıtın ve soğanı yumuşayana kadar kızartın. Domuz eti ekleyin ve hafifçe kızarana kadar soteleyin. Soya sosu, şarap veya şeri ve şekeri ekleyin, kapağını kapatın ve ara sıra karıştırarak 30 dakika pişirin. Yumurtaların dışını hafifçe çizin ve ardından tavaya ekleyin, kapağını kapatın ve 30 dakika daha pişirin.

yanan domuz

4 kişi için

450g/1lb domuz filetosu, şeritler halinde kesilmiş

30 ml / 2 yemek kaşığı soya sosu

30 ml / 2 yemek kaşığı kuru üzüm sosu

5 ml/1 çay kaşığı beş baharat tozu

15 ml / 1 yemek kaşığı biber

15 ml / 1 yemek kaşığı esmer şeker

15 ml / 1 yemek kaşığı susam yağı

30 ml / 2 yemek kaşığı fıstık yağı

6 yeşil soğan (soğan), doğranmış

1 yeşil biber parçalara bölünmüş

200g/7oz fasulye filizi

2 ananas dilimi, doğranmış

45 ml / 3 yemek kaşığı domates sosu (ketçap)

150 ml / ¼ pt / cömert ½ bardak tavuk suyu

Eti bir kaseye koyun. Soya sosunu, kuru üzüm sosunu, beş baharat tozunu, biberi ve şekeri karıştırın, etin üzerine dökün ve 1 saat marine etmeye bırakın. Yağları ısıtın ve eti altın rengi olana kadar kızartın. Tavadan çıkarın. Sebzeleri ekleyin ve 2 dakika soteleyin. Ananas, domates sosu ve et suyunu ekleyip kaynatın. Servis yapmadan önce eti tekrar tavaya alın ve ısıtın.

kızarmış domuz eti biftek

4 kişi için

350g/12oz domuz filetosu, kuşbaşı

15 ml / 1 yemek kaşığı pirinç şarabı veya sek şeri

15 ml / 1 yemek kaşığı soya sosu

5 ml / 1 çay kaşığı susam yağı

30 ml / 2 yemek kaşığı mısır unu (mısır nişastası)

kızartmalık yağ

Domuz eti, şarap veya şeri, soya sosu, susam yağı ve mısır ununu, domuz eti kalın bir hamurla kaplanacak şekilde karıştırın. Yağı ısıtın ve domuz etini çıtır çıtır olana kadar yaklaşık 3 dakika kızartın. Domuzu tavadan çıkarın, yağı tekrar ısıtın ve yaklaşık 3 dakika tekrar kızartın.

Beş baharatlı domuz eti

4 kişi için

225g/8oz yağsız domuz eti

5 ml / 1 çay kaşığı mısır unu (mısır nişastası)

2,5 ml / ½ çay kaşığı beş baharat tozu

2,5 ml / ½ çay kaşığı tuz

15 ml / 1 yemek kaşığı pirinç şarabı veya sek şeri

20 ml / 2 yemek kaşığı fıstık yağı

120 ml / 4 fl oz / ½ su bardağı tavuk suyu

Domuz etini damarlara karşı ince dilimler halinde kesin. Domuz etini mısır unu, beş baharat tozu, tuz ve şarap veya şeri ile karıştırın ve domuz etini kaplayacak şekilde iyice karıştırın. Ara sıra karıştırarak 30 dakika bekletin. Yağı ısıtın, domuz etini ekleyin ve yaklaşık 3 dakika kızartın. Et suyunu ekleyin, kaynatın, kapağını kapatın ve 3 dakika pişirin. Derhal servis yapın.

Güzel kokulu kızarmış domuz eti

6'dan 8'e kadar hizmet verir

1 adet mandalina kabuğu

45 ml / 3 yemek kaşığı fıstık (yer fıstığı) yağı

900g/2lb yağsız domuz eti, küp şeklinde

250 ml / 8 fl oz / 1 bardak pirinç şarabı veya sek şeri

120 ml / 4 fl oz / ½ bardak soya sosu

2,5 ml / ½ çay kaşığı anason tozu

½ tarçın çubuğu

4 diş

5 ml / 1 çay kaşığı tuz

250 ml / 8 fl oz / 1 su bardağı su

2 yeşil soğan (yeşil soğan), dilimlenmiş

1 dilim zencefil kökü, doğranmış

Yemeği hazırlarken mandalina kabuğunu suya batırın. Yağı ısıtın ve eti hafifçe kızarana kadar kızartın. Şarap veya şeri, soya sosu, anason tozu, tarçın, karanfil, tuz ve su ekleyin. Kaynatın, mandalina kabuğunu, frenk soğanı ve zencefili ekleyin. Kapağını kapatıp yumuşayana kadar yaklaşık 1,5 saat pişirin, arada sırada karıştırın ve gerekirse biraz daha kaynar su ekleyin. Servis yapmadan önce baharatları çıkarın.

Kıyılmış sarımsaklı domuz eti

4 kişi için

450g/1lb domuz yağı, derisi alınmış

3 dilim zencefil kökü

2 yeşil soğan (soğan), doğranmış

30 ml / 2 yemek kaşığı kıyılmış sarımsak

30 ml / 2 yemek kaşığı soya sosu

5 ml / 1 çay kaşığı tuz

15 ml / 1 yemek kaşığı tavuk suyu

2,5 ml / ½ çay kaşığı biber yağı

Domuzu zencefil ve yeşil soğanla birlikte bir tencereye koyun, üzerini suyla örtün, kaynatın ve pişene kadar 30 dakika pişirin. Çıkarın ve iyice süzün, ardından yaklaşık 5 cm/2 kare ince dilimler halinde kesin. Dilimleri metal bir süzgecin içine yerleştirin. Bir tencerede suyu kaynatın, domuz eti dilimlerini ekleyin ve iyice ısınana kadar 3 dakika pişirin. Sıcak servis tabağına dizin. Sarımsak, soya sosu, tuz, et suyu ve kırmızı biber yağını karıştırıp domuz etinin üzerine dökün. Kişniş ile süsleyerek servis yapın.

Zencefilli Tavada Kızarmış Domuz Eti

4 kişi için

225g/8oz yağsız domuz eti

5 ml / 1 çay kaşığı mısır unu (mısır nişastası)

30 ml / 2 yemek kaşığı soya sosu

30 ml / 2 yemek kaşığı fıstık yağı

1 dilim zencefil kökü, doğranmış

1 adet taze soğan (yeşil soğan), dilimlenmiş

45 ml / 3 yemek kaşığı su

5 ml / 1 çay kaşığı esmer şeker

Domuz etini damarlara karşı ince dilimler halinde kesin. Mısır ununu ekleyin, ardından soya sosunu serpin ve tekrar karıştırın. Yağı ısıtın ve domuz etini kızarıncaya kadar 2 dakika kızartın. Zencefil ve taze soğanı ekleyip 1 dakika soteleyin. Suyu ve şekeri ekleyin, kapağını kapatın ve pişene kadar yaklaşık 5 dakika pişirin.

Yeşil Fasulyeli Domuz Eti

4 kişi için

450g/1lb yeşil fasulye, parçalar halinde kesilmiş

30 ml / 2 yemek kaşığı fıstık yağı

2,5 ml / ½ çay kaşığı tuz

1 dilim zencefil kökü, doğranmış

225g/8oz yağsız domuz eti, kıyılmış (öğütülmüş)

120 ml / 4 fl oz / ½ su bardağı tavuk suyu

75 ml / 5 yemek kaşığı su

2 yumurta

15 ml / 1 yemek kaşığı mısır unu (mısır nişastası)

Fasulyeleri yaklaşık 2 dakika haşlayıp, süzün. Yağı ısıtın ve tuzu ve zencefili birkaç saniye kızartın. Domuz eti ekleyin ve hafifçe kızarana kadar soteleyin. Fasulyeleri ekleyin ve üzerini yağla kaplayarak 30 saniye soteleyin. Et suyunu ekleyin, kaynatın, kapağını kapatın ve 2 dakika pişirin. Yumurtalara 30 ml/2 yemek kaşığı su çırpın ve tavaya karıştırın. Kalan suyu mısır unuyla karıştırın. Yumurtalar katılaşmaya başlayınca mısır unu ekleyin ve karışım koyulaşana kadar pişirin. Derhal servis yapın.

Jambon ve Tofu ile domuz eti

4 kişi için

4 kurutulmuş Çin mantarı

5 ml / 1 çay kaşığı yer fıstığı yağı

100g/4oz füme jambon, dilimlenmiş

225g/8oz tofu, dilimlenmiş

225g/8oz yağsız domuz eti, dilimlenmiş

15 ml / 1 yemek kaşığı pirinç şarabı veya sek şeri

tuz ve taze çekilmiş karabiber

1 dilim zencefil kökü, doğranmış

1 taze soğan (yeşil soğan), doğranmış

Mantarları ılık suda 30 dakika bekletin ve ardından süzün. Saplarını atın ve üst kısımlarını ikiye bölün. Isıya dayanıklı bir kabı fıstık yağıyla ovun. Mantarları, jambonu, soya peyniri ve domuz etini, domuz eti üstüne gelecek şekilde tabağa yerleştirin. Şarap veya şeri, tuz ve karabiber, zencefil ve frenk soğanı serpin. Kapağını kapatın ve pişene kadar yaklaşık 45 dakika boyunca kaynar su üzerinde bir raf üzerinde buharlayın. Malzemeleri değiştirmeden sosu kaseden boşaltın. 250 ml / 8 fl oz / 1 bardak elde etmeye yetecek kadar su ekleyin. Mısır unu ve suyu karıştırıp sosla karıştırın. Kaseye aktarın ve sos berraklaşıp koyulaşana kadar karıştırarak pişirin. Domuz eti karışımını sıcak bir servis tabağına koyun, sosu üzerine dökün ve servis yapın.

Kızarmış Domuz Şişleri

4 kişi için

450g/1lb domuz filetosu, ince dilimlenmiş

100g/4oz pişmiş jambon, ince dilimlenmiş

6 adet su kestanesi, ince dilimlenmiş

30 ml / 2 yemek kaşığı soya sosu

30 ml / 2 yemek kaşığı şarap sirkesi

15 ml / 1 yemek kaşığı esmer şeker

15 ml / 1 yemek kaşığı istiridye sosu

birkaç damla biber yağı

45 ml / 3 yemek kaşığı mısır unu (mısır nişastası)

30 ml / 2 yemek kaşığı pirinç şarabı veya sek şeri
2 çırpılmış yumurta
kızartmalık yağ

Domuz eti, jambon ve su kestanelerini dönüşümlü olarak küçük şişlere geçirin. Soya sosu, şarap sirkesi, şeker, istiridye sosu ve biber yağını karıştırın. Şişlerin üzerine dökün, üzerini örtün ve buzdolabında 3 saat marine etmeye bırakın. Pürüzsüz, kalın bir hamur elde edene kadar mısır unu, şarap veya şeri ve yumurtaları karıştırın. Kaplamak için şişleri hamurun içinde çevirin. Yağı ısıtın ve şişleri hafif altın rengi olana kadar kızartın.

Kırmızı soslu kızarmış domuz eklemi

4 kişi için

1 büyük domuz eklemi
1 l / 1½ puan / 4¼ bardak kaynar su
5 ml / 1 çay kaşığı tuz
120 ml / 4 fl oz / ½ bardak şarap sirkesi
120 ml / 4 fl oz / ½ bardak soya sosu
45 ml / 3 yemek kaşığı bal
5 ml / 1 çay kaşığı ardıç meyvesi
5 ml / 1 çay kaşığı anason
5 ml / 1 çay kaşığı kişniş
60 ml / 4 yemek kaşığı fıstık yağı

6 yeşil soğan (yeşil soğan), dilimlenmiş

2 havuç, ince dilimlenmiş

1 sap kereviz, dilimlenmiş

45 ml / 3 yemek kaşığı kuru üzüm sosu

30 ml / 2 yemek kaşığı mango turşusu

75 ml / 5 yemek kaşığı domates püresi (salça)

1 diş ezilmiş sarımsak

60 ml / 4 yemek kaşığı doğranmış frenk soğanı

Domuz budu su, tuz, şarap sirkesi, 45 ml / 3 yemek kaşığı soya sosu, bal ve baharatlarla kaynatılır. Sebzeleri ekleyin, tekrar kaynatın, kapağını kapatın ve etler yumuşayana kadar yaklaşık 1,5 saat pişirin. Eti ve sebzeleri tavadan çıkarın, eti kemiğinden ayırıp küp küp doğrayın. Yağı ısıtın ve eti altın kahverengi olana kadar kızartın. Sebzeleri ekleyin ve 5 dakika soteleyin. Geri kalan soya sosunu, kuru üzüm sosunu, Hint turşusunu, domates püresini ve sarımsağı ekleyin. Kaynatın, karıştırın, ardından 3 dakika pişirin. Frenk soğanı serperek servis yapın.

marine edilmiş domuz eti

4 kişi için

450g / 1lb yağsız domuz eti

1 dilim zencefil kökü, doğranmış

1 diş ezilmiş sarımsak

90 ml / 6 yemek kaşığı soya sosu

15 ml / 1 yemek kaşığı pirinç şarabı veya sek şeri

45 ml / 3 yemek kaşığı fıstık (yer fıstığı) yağı

1 adet taze soğan (yeşil soğan), dilimlenmiş

15 ml / 1 yemek kaşığı esmer şeker

taze kara biber

Domuz etini zencefil, sarımsak, 30 ml / 2 yemek kaşığı soya sosu ve şarap veya şeri ile karıştırın. Ara sıra karıştırarak 30 dakika bekletin, ardından eti marineden çıkarın. Yağı ısıtın ve eti hafifçe kızarana kadar kızartın. Taze soğanı, şekeri, kalan soya sosunu ve bir tutam biberi ekleyin, kapağını kapatın ve domuz eti pişene kadar yaklaşık 45 dakika pişirin. Domuz eti küpler halinde kesin ve servis yapın.

Marine edilmiş domuz pirzolası

6 için

6 domuz pirzolası

1 dilim zencefil kökü, doğranmış

1 diş ezilmiş sarımsak

90 ml / 6 yemek kaşığı soya sosu

30 ml / 2 yemek kaşığı pirinç şarabı veya sek şeri

45 ml / 3 yemek kaşığı fıstık (yer fıstığı) yağı

2 yeşil soğan (soğan), doğranmış

15 ml / 1 yemek kaşığı esmer şeker

taze kara biber

Domuz pirzolasının kemiğini kesin ve eti küpler halinde kesin. Zencefil, sarımsak, 30 ml/2 yemek kaşığı soya sosu ve şarap veya şeriyi karıştırın, domuz etinin üzerine dökün ve ara sıra karıştırarak 30 dakika marine etmeye bırakın. Etleri marinattan çıkarın. Yağı ısıtın ve eti hafifçe kızarana kadar kızartın. Salçaları ekleyip 1 dakika soteleyin. Soya sosunun geri kalanını şeker ve bir tutam biberle karıştırın. Sosu ekleyin, kaynatın, kapağını kapatın ve domuz eti yumuşayana kadar yaklaşık 30 dakika pişirin.

4 kişi için

25g/1oz kurutulmuş Çin mantarları

30 ml / 2 yemek kaşığı fıstık yağı

1 diş sarımsak, kıyılmış

225g/8oz yağsız domuz eti, dilimlenmiş

4 yeşil soğan (yeşil soğan), doğranmış

15 ml / 1 yemek kaşığı soya sosu

15 ml / 1 yemek kaşığı pirinç şarabı veya sek şeri

5 ml / 1 çay kaşığı susam yağı

Mantarları ılık suda 30 dakika bekletin ve ardından süzün. Sapları atın ve üst kısımlarını kesin. Yağı ısıtın ve sarımsakları hafif altın rengi olana kadar kızartın. Domuz eti ekleyin ve kızarana kadar kızartın. Yeşil soğanı, mantarları, soya sosunu ve şarabı veya şeri ekleyin ve 3 dakika soteleyin. Susam yağı ekleyin ve hemen servis yapın.

Buharda pişmiş köfte

4 kişi için

450g/1lb kıyılmış domuz eti (öğütülmüş)

4 adet su kestanesi, ince doğranmış

225gr/8oz mantar, ince doğranmış

5 ml / 1 çay kaşığı soya sosu

tuz ve taze çekilmiş karabiber

1 yumurta, hafifçe çırpılmış

Tüm malzemeleri iyice karıştırın ve karışımı ateşe dayanıklı bir kapta düz bir kek haline getirin. Yemeği buharlı pişiricideki rafa yerleştirin, kapağını kapatın ve 1 ½ saat boyunca buharda pişirin.

4 kişi için

450g / 1lb yağsız domuz eti, küp şeklinde

250 ml / 8 fl oz / 1 su bardağı su

15 ml / 1 yemek kaşığı soya sosu

15 ml / 1 yemek kaşığı pirinç şarabı veya sek şeri

5 ml / 1 çay kaşığı şeker

5 ml / 1 çay kaşığı tuz

225g/8oz mantar

Eti ve suyu bir tencereye koyun ve suyu kaynatın. Kapağı kapatın ve 30 dakika pişirin, ardından suyu boşaltın ve suyu saklayın. Domuzu tekrar tavaya alın ve soya sosunu ekleyin. Soya sosu emilene kadar karıştırarak kısık ateşte pişirin. Şarap veya şeri, şeker ve tuzu ekleyin. Ayrılmış suyu dökün, kaynatın, üzerini örtün ve eti ara sıra çevirerek yaklaşık 30 dakika pişirin. Mantarları ekleyin ve 20 dakika daha pişirin.

4 kişi için

30 ml / 2 yemek kaşığı fıstık yağı

5 ml / 2 çay kaşığı tuz

225 g/8 oz yağsız domuz eti, şeritler halinde kesilmiş

225g/8oz Çin lahanası, rendelenmiş

100g/4oz bambu filizleri, ezilmiş

100g/4oz mantar, ince dilimlenmiş

150 ml / ¼ pt / cömert ½ bardak tavuk suyu

10 ml / 2 çay kaşığı mısır unu (mısır nişastası)

15 ml / 1 yemek kaşığı pirinç şarabı veya sek şeri

15 ml / 1 yemek kaşığı su

şehriye gözleme

Yağı ısıtın ve tuzu ve domuz etini rengi açılana kadar kızartın. Lahanayı, bambu filizlerini ve mantarları ekleyip 1 dakika karıştırarak kavurun. Et suyunu ekleyin, kaynatın, kapağını kapatın ve domuz eti pişene kadar 4 dakika pişirin. Mısır ununu şarap veya şeri ve suyla bir macun haline getirin, tavaya karıştırın ve sos berraklaşıp koyulaşana kadar kısık ateşte karıştırarak pişirin. Servis yapmak için erişte krepinin üzerine dökün.

Erişte Gözleme ile Domuz Eti ve Karides

4 kişi için

30 ml / 2 yemek kaşığı fıstık yağı

5 ml / 1 çay kaşığı tuz

4 yeşil soğan (yeşil soğan), doğranmış

1 diş ezilmiş sarımsak

225 g/8 oz yağsız domuz eti, şeritler halinde kesilmiş

100g/4oz mantar, dilimlenmiş

4 sap kereviz, dilimlenmiş

225g/8oz soyulmuş karides

30 ml / 2 yemek kaşığı soya sosu

10 ml / 1 çay kaşığı mısır unu (mısır nişastası)

45 ml / 3 yemek kaşığı su

şehriye gözleme

Yağı ve tuzu ısıtıp frenk soğanı ve sarımsakları yumuşayana kadar kızartın. Domuz eti ekleyin ve hafifçe kızarana kadar soteleyin. Mantarları ve kerevizi ekleyip 2 dakika soteleyin. Karidesleri ekleyin, üzerine soya sosu serpin ve iyice ısınana kadar karıştırın. Mısır ununu ve suyu macun kıvamına getirin, tavaya alın ve kısık ateşte, karıştırarak koyulaşıncaya kadar pişirin. Servis yapmak için erişte krepinin üzerine dökün.

İstiridye Soslu Domuz Eti

4 ila 6 porsiyon için

450g / 1lb yağsız domuz eti

15 ml / 1 yemek kaşığı mısır unu (mısır nişastası)

10 ml/2 çay kaşığı pirinç şarabı veya sek şeri

bir tutam şeker

45 ml / 3 yemek kaşığı fıstık (yer fıstığı) yağı

10 ml / 2 çay kaşığı su

30 ml / 2 yemek kaşığı istiridye sosu

taze kara biber

1 dilim zencefil kökü, doğranmış

60 ml / 4 yemek kaşığı tavuk suyu

Domuz etini damarlara karşı ince dilimler halinde kesin. 5 ml/1 çay kaşığı mısır ununu şarap veya şeri, şeker ve 5 ml/1 çay kaşığı yağ ile karıştırın, domuz etine ekleyin ve kaplamak için iyice karıştırın. Mısır nişastasının geri kalanını su, istiridye sosu ve bir tutam biberle karıştırın. Kalan yağı ısıtın ve zencefili 1 dakika kızartın. Domuz eti ekleyin ve hafifçe kızarana kadar soteleyin. Et suyunu, su ve istiridye sosu karışımını ekleyin, kaynatın, üzerini örtün ve 3 dakika pişirin.

Fıstıklı domuz eti

4 kişi için

450g / 1lb yağsız domuz eti, küp şeklinde

15 ml / 1 yemek kaşığı mısır unu (mısır nişastası)

5 ml / 1 çay kaşığı tuz

1 yumurta beyazı

3 yeşil soğan (yeşil soğan), doğranmış

1 diş sarımsak, kıyılmış

1 dilim zencefil kökü, doğranmış

45 ml / 3 yemek kaşığı tavuk suyu

15 ml / 1 yemek kaşığı pirinç şarabı veya sek şeri

15 ml / 1 yemek kaşığı soya sosu

10 ml / 2 çay kaşığı siyah pekmez

45 ml / 3 yemek kaşığı fıstık (yer fıstığı) yağı

½ salatalık, küp şeklinde

25 g / 1 oz / ¼ bardak kabuklu fıstık

5 ml / 1 çay kaşığı biber yağı

Domuz etini mısır nişastasının yarısı, tuz ve yumurta beyazıyla karıştırın ve domuz etini kaplayacak şekilde iyice karıştırın. Mısır ununun geri kalanını frenk soğanı, sarımsak, zencefil, et suyu, şarap veya şeri, soya sosu ve pekmezle karıştırın. Yağı ısıtın ve eti hafifçe kızarana kadar kızartın, ardından tavadan çıkarın. Salatalığı tavaya ekleyin ve birkaç dakika soteleyin. Domuzu tavaya geri koyun ve hafifçe karıştırın. Baharat karışımını ekleyin, kaynatın ve sos berraklaşıp koyulaşana kadar karıştırarak pişirin. Servis yapmadan önce fıstık ve biber yağını ekleyip ısıtın.

4 kişi için

45 ml / 3 yemek kaşığı fıstık (yer fıstığı) yağı

225g/8oz yağsız domuz eti, küp şeklinde

1 soğan küp şeklinde doğranmış

2 yeşil biber, doğranmış

½ baş Çin yaprağı, küp şeklinde kesilmiş

1 dilim zencefil kökü, doğranmış

15 ml / 1 yemek kaşığı soya sosu

15 ml / 1 yemek kaşığı şeker

2,5 ml / ½ çay kaşığı tuz

Yağı ısıtın ve domuz etini altın rengi kahverengi olana kadar yaklaşık 4 dakika kızartın. Soğanı ekleyin ve yaklaşık 1 dakika soteleyin. Biberleri ekleyip 1 dakika soteleyin. Çin yapraklarını ekleyin ve 1 dakika soteleyin. Kalan malzemeleri karıştırın, tavaya karıştırın ve 2 dakika daha soteleyin.

Turşu ile baharatlı domuz eti

4 kişi için

900g/2lb domuz pirzolası

30 ml / 2 yemek kaşığı mısır unu (mısır nişastası)

45 ml / 3 yemek kaşığı soya sosu

30 ml / 2 yemek kaşığı tatlı şeri

5 ml / 1 çay kaşığı rendelenmiş zencefil kökü

2,5 ml / ½ çay kaşığı beş baharat tozu

bir tutam taze çekilmiş biber

kızartmalık yağ

60 ml / 4 yemek kaşığı tavuk suyu

Çin turşusu sebzeleri

Tüm yağ ve kemikleri atarak pirzolaları kesin. Mısır unu, 30 ml/2 yemek kaşığı soya sosu, şeri, zencefil, beş baharat tozu ve biberi karıştırın. Domuzun üzerine dökün ve tamamen kaplayacak şekilde fırlatın. Kapağını kapatıp ara sıra çevirerek 2 saat marine etmeye bırakın. Yağı ısıtın ve domuz etini altın rengi olana ve tamamen pişene kadar kızartın. Kağıt havluların üzerine boşaltın. Domuz etini kalın dilimler halinde kesin, sıcak bir servis tabağına aktarın ve sıcak tutun. Et suyunu ve kalan soya sosunu küçük bir tencerede karıştırın. Kaynatın ve domuz eti dilimlerinin üzerine dökün. Karışık turşularla süsleyerek servis yapın.

4 kişi için

450g/1lb haşlanmış domuz eti, doğranmış

2 diş sarımsak, ezilmiş

tuz

60 ml / 4 yemek kaşığı domates sosu (ketçap)

30 ml / 2 yemek kaşığı soya sosu

45 ml / 3 yemek kaşığı erik sosu

5 ml / 1 çay kaşığı köri tozu

5 ml / 1 çay kaşığı kırmızı biber

2,5 ml / ½ çay kaşığı taze çekilmiş karabiber

45 ml / 3 yemek kaşığı fıstık (yer fıstığı) yağı

6 yeşil soğan (yeşil soğan), şeritler halinde kesilmiş

4 havuç, şeritler halinde kesilmiş

Eti sarımsak, tuz, domates sosu, soya sosu, erik sosu, köri tozu, kırmızı biber ve karabiber ile 30 dakika marine edin. Yağı ısıtın ve eti hafifçe kızarana kadar kızartın. Wok'tan çıkarın. Sebzeleri yağa ekleyin ve yumuşayana kadar soteleyin. Eti tekrar tavaya alın ve servis yapmadan önce hafifçe tekrar ısıtın.

Karidesli domuz eti

6'dan 8'e kadar hizmet verir

900g / 2lb yağsız domuz eti

30 ml / 2 yemek kaşığı fıstık yağı

1 soğan dilimlenmiş

1 taze soğan (yeşil soğan), doğranmış

2 diş sarımsak, ezilmiş

30 ml / 2 yemek kaşığı soya sosu

50g/2oz soyulmuş karides, doğranmış

(zemin)

600 ml / 1 pt / 2½ su bardağı kaynar su

15 ml / 1 yemek kaşığı şeker

Bir tencerede suyu kaynatın, eti ekleyin, kapağını kapatın ve 10 dakika pişirin. Tavadan alıp iyice süzün ve küp şeklinde doğrayın. Yağı ısıtın ve soğanı, frenk soğanı ve sarımsağı hafif altın rengi olana kadar soteleyin. Domuz eti ekleyin ve hafifçe kızarana kadar soteleyin. Soya sosunu ve karidesleri ekleyip 1 dakika kızartın. Kaynayan suyu ve şekeri ekleyin, kapağını kapatın ve domuz eti yumuşayana kadar yaklaşık 40 dakika pişirin.

kırmızı pişmiş domuz eti

4 kişi için

675 g yağsız domuz eti, küp şeklinde
250 ml / 8 fl oz / 1 su bardağı su
1 dilim zencefil kökü, ezilmiş
60 ml / 4 yemek kaşığı soya sosu
15 ml / 1 yemek kaşığı pirinç şarabı veya sek şeri
5 ml / 1 çay kaşığı tuz
10 ml / 2 çay kaşığı esmer şeker

Eti ve suyu bir tencereye koyun ve suyu kaynatın. Zencefil, soya sosu, şeri ve tuzu ekleyin, kapağını kapatın ve 45 dakika pişirin. Şekeri ekleyin, eti çevirin, kapağını kapatın ve domuz eti yumuşayana kadar 45 dakika daha pişirin.

Kırmızı Soslu Domuz Eti

4 kişi için

30 ml / 2 yemek kaşığı fıstık yağı
225g domuz böbrekleri, şeritler halinde kesilmiş

450g/1lb domuz eti, şeritler halinde kesilmiş

1 soğan dilimlenmiş

4 yeşil soğan (yeşil soğan), şeritler halinde kesilmiş

2 havuç, şeritler halinde kesilmiş

1 çubuk kereviz, şeritler halinde kesilmiş

Şeritler halinde kesilmiş 1 kırmızı biber

45 ml / 3 yemek kaşığı soya sosu

45 ml / 3 yemek kaşığı sek beyaz şarap

300 ml / ½ pt / 1¼ su bardağı tavuk suyu

30 ml / 2 yemek kaşığı erik sosu

30 ml / 2 yemek kaşığı şarap sirkesi

5 ml/1 çay kaşığı beş baharat tozu

5 ml / 1 çay kaşığı esmer şeker

15 ml / 1 yemek kaşığı mısır unu (mısır nişastası)

15 ml / 1 yemek kaşığı su

Yağı ısıtın ve böbrekleri 2 dakika kızartın ve ardından tavadan çıkarın. Yağı tekrar ısıtın ve eti hafifçe kızarana kadar kızartın. Sebzeleri ekleyin ve 3 dakika soteleyin. Soya sosu, şarap, et suyu, erik sosu, şarap sirkesi, beş baharat tozu ve şekeri ekleyin, kaynatın, kapağını kapatın ve pişene kadar 30 dakika pişirin. Böbrekleri ekleyin. Mısır unu ve suyu karıştırıp tencereye alın. Kaynatın ve sos koyulaşana kadar karıştırarak pişirin.

Pirinç Eriştesi ile Domuz Eti

4 kişi için

4 kurutulmuş Çin mantarı

100g/4oz pirinç eriştesi

225 g/8 oz yağsız domuz eti, şeritler halinde kesilmiş

15 ml / 1 yemek kaşığı mısır unu (mısır nişastası)

15 ml / 1 yemek kaşığı soya sosu

15 ml / 1 yemek kaşığı pirinç şarabı veya sek şeri

45 ml / 3 yemek kaşığı fıstık (yer fıstığı) yağı

2,5 ml / ½ çay kaşığı tuz

1 dilim zencefil kökü, doğranmış

2 sap kereviz, doğranmış

120 ml / 4 fl oz / ½ su bardağı tavuk suyu

2 yeşil soğan (yeşil soğan), dilimlenmiş

Mantarları ılık suda 30 dakika bekletin ve ardından süzün. Sapları atın ve üst kısımlarını kesin. Erişteleri 30 dakika ılık suda bekletin, süzün ve 5cm/2 parçaya kesin.Domuzu bir kaseye koyun. Mısır ununu, soya sosunu ve şarabı veya şeriyi karıştırın, domuz etinin üzerine dökün ve kaplayın. Yağı ısıtın ve tuzu ve zencefili birkaç saniye kızartın. Domuz eti ekleyin ve hafifçe kızarana kadar soteleyin. Mantarları ve kerevizi ekleyip 1 dakika soteleyin. Et suyunu ekleyin, kaynatın, kapağını kapatın ve 2 dakika pişirin. Erişteleri ekleyin ve 2 dakika ısıtın. Soğanları ekleyip hemen servis yapın.

4 kişi için

450g/1lb kıyılmış domuz eti (öğütülmüş)
100g/4oz tofu, ezilmiş
4 adet su kestanesi, ince doğranmış
tuz ve taze çekilmiş karabiber
120 ml / 4 fl oz / ½ bardak fıstık (yer fıstığı) yağı
1 dilim zencefil kökü, doğranmış

163

600 ml / 1 pt / 2½ su bardağı tavuk suyu

15 ml / 1 yemek kaşığı soya sosu

5 ml / 1 çay kaşığı esmer şeker

5 ml / 1 çay kaşığı pirinç şarabı veya sek şeri

Domuz eti, soya peyniri ve kestaneyi karıştırıp tuz ve karabiberle tatlandırın. Büyük toplar haline getirin. Yağı ısıtın ve domuz köftelerini her tarafı altın rengi kahverengi olana kadar kızartın ve ardından tavadan çıkarın. 15 ml/1 yemek kaşığı yağ hariç hepsini boşaltın ve zencefil, et suyu, soya sosu, şeker ve şarap veya şeri ekleyin. Domuz toplarını tekrar tavaya alın, kaynatın ve pişene kadar 20 dakika pişirin.

Kavrulmuş domuz pirzolası

4 kişi için

4 domuz pirzolası

75 ml / 5 yemek kaşığı soya sosu

kızartmalık yağ

100g/4oz kereviz çubukları

3 yeşil soğan (yeşil soğan), doğranmış

1 dilim zencefil kökü, doğranmış

15 ml / 1 yemek kaşığı pirinç şarabı veya sek şeri

120 ml / 4 fl oz / ½ su bardağı tavuk suyu

tuz ve taze çekilmiş karabiber

5 ml / 1 çay kaşığı susam yağı

Domuz pirzolalarını iyice kaplanana kadar soya sosuna batırın. Yağı ısıtın ve köfteleri altın rengi kahverengi olana kadar kızartın. İyice çıkarın ve boşaltın. Kerevizleri sığ, fırına dayanıklı bir kabın tabanına yerleştirin. Üzerine yeşil soğan ve zencefil serpin ve domuz pirzolalarını üstüne yerleştirin. Şarap veya şeri ve et suyunun üzerine dökün ve tuz ve karabiberle tatlandırın. Susam yağı serpin. Önceden ısıtılmış fırında 200°C/400°C/gaz işareti 6'da 15 dakika kızartın.

baharatlı domuz eti

4 kişi için

1 salatalık küp

tuz

450g / 1lb yağsız domuz eti, küp şeklinde

5 ml / 1 çay kaşığı tuz

45 ml / 3 yemek kaşığı soya sosu

30 ml / 2 yemek kaşığı pirinç şarabı veya sek şeri

30 ml / 2 yemek kaşığı mısır unu (mısır nişastası)

15 ml / 1 yemek kaşığı esmer şeker

60 ml / 4 yemek kaşığı fıstık yağı

1 dilim zencefil kökü, doğranmış

1 diş sarımsak, kıyılmış

1 kırmızı biber, çekirdeği çıkarılmış ve doğranmış

60 ml / 4 yemek kaşığı tavuk suyu

Salatalığı tuz serpin ve bir kenara koyun. Domuz eti, tuz, 15 ml/1 yemek kaşığı soya sosu, 15 ml/1 yemek kaşığı şarap veya şeri, 15 ml/1 yemek kaşığı mısır unu, esmer şeker ve 15 ml/1 yemek kaşığı yağı karıştırın. 30 dakika bekletin ve ardından eti marinattan çıkarın. Kalan yağı ısıtın ve eti hafifçe kızarana kadar kızartın. Zencefil, sarımsak ve biberi ekleyip 2 dakika soteleyin. Salatalığı ekleyin ve 2 dakika soteleyin. Et suyunu, kalan soya sosunu, şarabı veya şeri ve mısır unu ile marineyi karıştırın. Bunu tavaya ekleyin ve karıştırarak kaynatın. Sos berraklaşıp koyulaşana kadar kısık ateşte, karıştırarak pişirin ve etler iyice pişene kadar kısık ateşte pişirmeye devam edin.

4 kişi için

225g/8oz yağsız domuz eti, dilimlenmiş

2 yumurta akı

15 ml / 1 yemek kaşığı mısır unu (mısır nişastası)

45 ml / 3 yemek kaşığı fıstık (yer fıstığı) yağı

50g/2oz bambu filizleri, dilimlenmiş

6 yeşil soğan (soğan), doğranmış

2,5 ml / ½ çay kaşığı tuz

15 ml / 1 yemek kaşığı pirinç şarabı veya sek şeri

150 ml / ¼ pt / cömert ½ bardak tavuk suyu

Domuz eti iyice kaplanana kadar yumurta akı ve mısır nişastasıyla karıştırın. Yağı ısıtın ve eti hafifçe kızarana kadar kızartın, ardından tavadan çıkarın. Bambu filizlerini ve yeşil soğanları ekleyip 2 dakika karıştırarak kızartın. Domuzu tuz, şarap veya şeri ve tavuk suyuyla birlikte tavaya geri koyun. Kaynatın ve domuz eti pişene kadar 4 dakika karıştırarak pişirin.

4 kişi için

225g/8oz yağsız domuz eti

2 havuç, şeritler halinde kesilmiş

225g/8oz ıspanak

45 ml / 3 yemek kaşığı fıstık (yer fıstığı) yağı

1 taze soğan (yeşil soğan), ince doğranmış

15 ml / 1 yemek kaşığı soya sosu

2,5 ml / ½ çay kaşığı tuz

10 ml / 2 çay kaşığı mısır unu (mısır nişastası)

30 ml / 2 yemek kaşığı su

Domuzu ince bir şekilde tahıllara doğru dilimleyin ve ardından şeritler halinde kesin. Havuçları yaklaşık 3 dakika haşlayın ve ardından süzün. Ispanak yapraklarını ikiye bölün. Yağı ısıtın ve taze soğanı şeffaflaşana kadar kızartın. Domuz eti ekleyin ve hafifçe kızarana kadar soteleyin. Havucu ve soya sosunu ekleyip 1 dakika soteleyin. Tuzu ve ıspanağı ekleyip yumuşayana kadar yaklaşık 30 saniye soteleyin. Mısır ununu ve suyu macun kıvamına gelinceye kadar karıştırın, sosa ekleyin ve berraklaşana kadar soteleyin ve hemen servis yapın.

4 kişi için

450g / 1lb yağsız domuz eti, küp şeklinde

120 ml / 4 fl oz / ½ bardak soya sosu

120 ml / 4 fl oz / ½ bardak pirinç şarabı veya sek şeri

15 ml / 1 yemek kaşığı esmer şeker

Tüm malzemeleri karıştırın ve ısıya dayanıklı bir kaba koyun. Tamamen pişene kadar yaklaşık 1½ saat boyunca kaynar su üzerinde bir raf üzerinde buharda pişirin.

Kızartılmış domuz eti

4 kişi için

25g/1oz kurutulmuş Çin mantarları

15 ml / 1 yemek kaşığı yer fıstığı yağı

450g/1lb yağsız domuz eti, dilimlenmiş

1 yeşil biber küp şeklinde doğranmış

15 ml / 1 yemek kaşığı soya sosu

15 ml / 1 yemek kaşığı pirinç şarabı veya sek şeri

5 ml / 1 çay kaşığı tuz

5 ml / 1 çay kaşığı susam yağı

Mantarları ılık suda 30 dakika bekletin ve ardından süzün. Sapları atın ve üst kısımlarını kesin. Yağı ısıtın ve eti hafifçe kızarana kadar kızartın. Biberini ekleyip 1 dakika soteleyin. Mantarları, soya sosunu, şarabı veya şeri ve tuzu ekleyip et pişene kadar birkaç dakika kızartın. Servis yapmadan önce susam yağı ekleyin.

4 kişi için

kızartmalık yağ

2 büyük tatlı patates, dilimlenmiş

30 ml / 2 yemek kaşığı fıstık yağı

1 dilim zencefil kökü, dilimlenmiş

1 soğan dilimlenmiş

450g / 1lb yağsız domuz eti, küp şeklinde

15 ml / 1 yemek kaşığı soya sosu

2,5 ml / ½ çay kaşığı tuz

taze kara biber

250 ml / 8 fl oz / 1 su bardağı tavuk suyu

30 ml / 2 yemek kaşığı köri tozu

Yağı ısıtın ve tatlı patatesleri altın rengi olana kadar kızartın. Tavadan alıp iyice süzün. Yer fıstığı yağını ısıtın ve zencefili ve soğanı hafif altın rengi olana kadar kızartın. Domuz eti ekleyin ve hafifçe kızarana kadar soteleyin. Soya sosunu, tuzu ve bir tutam biberi ekleyin, ardından et suyunu ve köri tozunu ekleyin, kaynatın ve 1 dakika karıştırarak pişirin. Patatesleri ekleyin, kapağını kapatın ve domuz eti pişene kadar 30 dakika pişirin.

4 kişi için

450g / 1lb yağsız domuz eti, küp şeklinde

15 ml / 1 yemek kaşığı pirinç şarabı veya sek şeri

15 ml / 1 yemek kaşığı yer fıstığı yağı

5 ml / 1 çay kaşığı köri tozu

1 çırpılmış yumurta

tuz

100 g/4 oz mısır unu (mısır nişastası)

kızartmalık yağ

1 diş ezilmiş sarımsak

75 g / 3 oz / ½ bardak şeker

50g/2oz domates sosu (ketçap)

5 ml / 1 çay kaşığı şarap sirkesi

5 ml / 1 çay kaşığı susam yağı

Domuz etini şarap veya şeri, yağ, köri tozu, yumurta ve biraz tuzla karıştırın. Domuz eti hamurla kaplanana kadar mısır ununu ekleyin. Yağı duman çıkana kadar ısıtın ve ardından domuz küplerini birkaç kez ekleyin. Yaklaşık 3 dakika kızartın, süzün ve bir kenara koyun. Yağı tekrar ısıtın ve küpleri tekrar yaklaşık 2 dakika kızartın. Çıkarın ve boşaltın. Sarımsak, şeker, domates sosu ve şarap sirkesini şeker eriyene kadar karıştırarak ısıtın.

Kaynatın, ardından domuz küplerini ekleyin ve iyice karıştırın.

Susam yağı ekleyip servis yapın.

173

4 kişi için

30 ml / 2 yemek kaşığı fıstık yağı

450g / 1lb yağsız domuz eti, küp şeklinde

3 yeşil soğan (yeşil soğan), dilimlenmiş

2 diş sarımsak, ezilmiş

1 dilim zencefil kökü, doğranmış

250 ml / 8 fl oz / 1 su bardağı soya sosu

30 ml / 2 yemek kaşığı pirinç şarabı veya sek şeri

30 ml / 2 yemek kaşığı esmer şeker

5 ml / 1 çay kaşığı tuz

600 ml / 1 pt / 2½ su bardağı su

Yağı ısıtın ve domuz etini altın rengi kahverengi olana kadar kızartın. Fazla yağı boşaltın, yeşil soğanı, sarımsağı ve zencefili ekleyip 2 dakika kızartın. Soya sosu, şarap veya şeri, şeker ve tuzu ekleyip iyice karıştırın. Suyu ekleyin, kaynatın, kapağını kapatın ve 1 saat pişirin.

4 kişi için

450g / 1lb yağsız domuz eti

45 ml / 3 yemek kaşığı fıstık (yer fıstığı) yağı

1 soğan dilimlenmiş

1 diş ezilmiş sarımsak

225g/8oz tofu, küp şeklinde

375 ml / 13 fl oz / 1½ su bardağı tavuk suyu

15 ml / 1 yemek kaşığı esmer şeker

60 ml / 4 yemek kaşığı soya sosu

2,5 ml / ½ çay kaşığı tuz

Domuz eti bir tencereye koyun ve üzerini suyla örtün. Kaynatın ve ardından 5 dakika pişirin. Süzün ve soğumaya bırakın, ardından küpler halinde kesin.

Yağı ısıtın ve soğanı ve sarımsağı hafif altın rengi olana kadar soteleyin. Domuz eti ekleyin ve hafifçe kızarana kadar soteleyin. Tofuyu ekleyin ve yağla kaplanana kadar yavaşça karıştırın. Et suyunu, şekeri, soya sosunu ve tuzu ekleyin, kaynatın, kapağını kapatın ve domuz eti yumuşayana kadar yaklaşık 40 dakika pişirin.

4 kişi için

225g/8oz domuz filetosu, küp şeklinde

1 yumurta beyazı

30 ml / 2 yemek kaşığı pirinç şarabı veya sek şeri

tuz

225 g/8 oz mısır unu (mısır nişastası)

kızartmalık yağ

Domuz etini yumurta akı, şarap veya şeri ve biraz tuzla karıştırın. Kalın bir hamur elde etmek için yavaş yavaş yeterli miktarda mısır unu ekleyin. Yağı ısıtın ve domuz etini dışı altın renginde ve çıtır, içi yumuşak oluncaya kadar kızartın.

İki kez pişirilmiş domuz eti

4 kişi için

225g/8oz yağsız domuz eti

45 ml / 3 yemek kaşığı fıstık (yer fıstığı) yağı

2 yeşil biber, parçalar halinde kesilmiş

2 diş sarımsak, kıyılmış

2 yeşil soğan (yeşil soğan), dilimlenmiş

15 ml / 1 yemek kaşığı baharatlı fasulye sosu

15 ml / 1 yemek kaşığı tavuk suyu

5 ml / 1 çay kaşığı şeker

Domuz parçasını bir tencereye koyun, üzerini suyla örtün, kaynatın ve pişene kadar 20 dakika pişirin. Çıkarıp boşaltın ve soğumaya bırakın. İnce dilimler halinde kesin.

Yağı ısıtın ve eti hafifçe kızarana kadar kızartın. Biber, sarımsak ve soğanı ekleyip 2 dakika soteleyin. Tavadan çıkarın. Fasulye sosunu, et suyunu ve şekeri tavaya ekleyin ve karıştırarak 2 dakika pişirin. Domuz eti ve biberleri geri koyun ve iyice ısınana kadar soteleyin. Hemen servis yapın.

Sebzeli Domuz Eti

4 kişi için

2 diş sarımsak, ezilmiş

5 ml / 1 çay kaşığı tuz

2,5 ml / ½ çay kaşığı taze çekilmiş karabiber

30 ml / 2 yemek kaşığı fıstık yağı

30 ml / 2 yemek kaşığı soya sosu

225g/8oz brokoli çiçeği

200g/7oz karnabahar çiçeği

1 kırmızı biber küp şeklinde doğranmış

1 doğranmış soğan

2 portakal, soyulmuş ve doğranmış

1 parça zencefil sapı, doğranmış

30 ml / 2 yemek kaşığı mısır unu (mısır nişastası)

300 ml / ½ pt / 1¼ bardak su

20 ml / 2 yemek kaşığı şarap sirkesi

15 ml / 1 yemek kaşığı bal

bir tutam öğütülmüş zencefil

2,5 ml / ½ çay kaşığı kimyon

Etin içine sarımsak, tuz ve karabiberi ezin. Yağı ısıtın ve eti hafifçe kızarana kadar kızartın. Tavadan çıkarın. Soya sosunu ve sebzeleri tavaya ekleyin ve yumuşayıncaya kadar ama yine de gevrek olana kadar soteleyin. Portakal ve zencefili ekleyin. Mısır unununu ve suyu karıştırın ve şarap sirkesi, bal, zencefil ve kimyonla birlikte tavaya karıştırın. Kaynatın ve karıştırarak 2 dakika pişirin. Domuz eti tekrar tavaya alın ve servis yapmadan önce ısıtın.

Cevizli domuz eti

4 kişi için

50 g / 2 oz / ½ bardak ceviz

225 g/8 oz yağsız domuz eti, şeritler halinde kesilmiş

30 ml / 2 yemek kaşığı sade un (çok amaçlı)

30 ml / 2 yemek kaşığı esmer şeker

30 ml / 2 yemek kaşığı soya sosu

kızartmalık yağ

15 ml / 1 yemek kaşığı yer fıstığı yağı

Fıstıkları kaynar suda 2 dakika haşlayıp süzün. Domuz etini un, şeker ve 15ml/1 yemek kaşığı soya sosuyla iyice kaplanana kadar karıştırın. Yağı ısıtın ve domuz eti gevrek ve altın rengi olana kadar kızartın. Kağıt havluların üzerine boşaltın. Fıstık yağını ısıtın ve fındıkları altın kahverengi olana kadar kızartın. Domuz etini tavaya ekleyin, kalan soya sosunu serpin ve iyice ısınana kadar karıştırarak kızartın.

domuz mantısı

4 kişi için

450g/1lb kıyılmış domuz eti (öğütülmüş)
1 taze soğan (yeşil soğan), doğranmış
225g/8oz karışık sebzeler, doğranmış
30 ml / 2 yemek kaşığı soya sosu
5 ml / 1 çay kaşığı tuz
40 wonton görünümü
kızartmalık yağ

Bir kızartma tavasını ısıtın ve domuz eti ve taze soğanı hafifçe kızarana kadar kızartın. Ateşten alıp sebzeleri, soya sosunu ve tuzu ekleyin.

Wontonları katlamak için deriyi sol elinizin avuç içinde tutun ve ortasına bir miktar dolgu koyun. Kenarlarını yumurtayla nemlendirin ve cildi bir üçgen şeklinde katlayarak kenarlarını kapatın. Köşeleri yumurta ile nemlendirin ve çevirin.

Yağı ısıtın ve wontonları altın rengi kahverengi olana kadar birer birer kızartın. Servis yapmadan önce iyice süzün.

Su Kestaneli Domuz Eti

4 kişi için

45 ml / 3 yemek kaşığı fıstık (yer fıstığı) yağı

1 diş ezilmiş sarımsak

1 taze soğan (yeşil soğan), doğranmış

1 dilim zencefil kökü, doğranmış

225 g/8 oz yağsız domuz eti, şeritler halinde kesilmiş

100g/4oz su kestanesi, ince dilimlenmiş

45 ml / 3 yemek kaşığı soya sosu

15 ml / 1 yemek kaşığı pirinç şarabı veya sek şeri

5 ml / 1 çay kaşığı mısır unu (mısır nişastası)

Yağı ısıtın ve sarımsak, taze soğan ve zencefili hafif altın rengi olana kadar soteleyin. Domuz eti ekleyin ve kızarıncaya kadar 10 dakika kızartın. Kestaneleri ekleyip 3 dakika soteleyin. Geri kalan malzemeleri ekleyin ve 3 dakika soteleyin.

Domuz eti ve karides wontonu

4 kişi için

225g/8oz kıyılmış domuz eti (öğütülmüş)
2 yeşil soğan (soğan), doğranmış
100gr/4oz karışık sebzeler, doğranmış
100 gr doğranmış mantar
225g/8oz soyulmuş karides, doğranmış
15 ml / 1 yemek kaşığı soya sosu
2,5 ml / ½ çay kaşığı tuz
40 wonton görünümü
kızartmalık yağ

Bir kızartma tavasını ısıtın ve domuz eti ve taze soğanı hafifçe kızarana kadar kızartın. Kalan malzemelerle karıştırın.

Wontonları katlamak için deriyi sol elinizin avuç içinde tutun ve ortasına bir miktar dolgu koyun. Kenarlarını yumurtayla nemlendirin ve cildi bir üçgen şeklinde katlayarak kenarlarını kapatın. Köşeleri yumurta ile nemlendirin ve çevirin.

Yağı ısıtın ve wontonları altın rengi kahverengi olana kadar birer birer kızartın. Servis yapmadan önce iyice süzün.

4 kişi için

2 diş sarımsak, ezilmiş

2,5 ml / ½ çay kaşığı tuz

450g/1lb kıyılmış domuz eti (öğütülmüş)

1 doğranmış soğan

1 kırmızı biber doğranmış

1 doğranmış yeşil biber

2 parça zencefil sapı, doğranmış

5 ml / 1 çay kaşığı köri tozu

5 ml / 1 çay kaşığı kırmızı biber

1 çırpılmış yumurta

45 ml / 3 yemek kaşığı mısır unu (mısır nişastası)

50g/2oz kısa taneli pirinç

tuz ve taze çekilmiş karabiber

60 ml / 4 yemek kaşığı doğranmış frenk soğanı

Sarımsak, tuz, domuz eti, soğan, biber, zencefil, köri tozu ve kırmızı biberi karıştırın. Yumurtayı mısır nişastası ve pirinçle birlikte karışıma ekleyin. Tuz ve karabiberle tatlandırın ve ardından soğanları atın. Karışımı ıslak ellerle toplar haline getirin. Bunları bir buharlı pişirme sepetine yerleştirin, üzerini örtün ve hafifçe kaynayan suyun üzerinde pişene kadar 20 dakika pişirin.

Siyah Fasulye Soslu Kısa Kaburga

4 kişi için

900g/2lb domuz kaburga

2 diş sarımsak, ezilmiş

2 yeşil soğan (soğan), doğranmış

30 ml / 2 yemek kaşığı siyah fasulye sosu

30 ml / 2 yemek kaşığı pirinç şarabı veya sek şeri

15 ml / 1 yemek kaşığı su

30 ml / 2 yemek kaşığı soya sosu

15 ml / 1 yemek kaşığı mısır unu (mısır nişastası)

5 ml / 1 çay kaşığı şeker

120 ml / 4 fl oz ½ bardak su

30 ml / 2 yemek kaşığı sıvı yağ

2,5 ml / ½ çay kaşığı tuz

120 ml / 4 fl oz / ½ su bardağı tavuk suyu

Domuz kaburgalarını 2,5 cm'lik parçalar halinde kesin. Sarımsak, yeşil soğan, siyah fasulye sosu, şarap veya şeri, su ve 15ml/1 yemek kaşığı soya sosunu karıştırın. Soya sosunun geri kalanını mısır unu, şeker ve suyla karıştırın. Yağı ve tuzu ısıtın ve domuz kaburgalarını altın rengi kahverengi olana kadar kızartın. Yağı boşaltın. Sarımsak karışımını ekleyin ve 2 dakika soteleyin. Et suyunu ekleyin, kaynatın, kapağını kapatın ve 4 dakika pişirin.

Mısır unu karışımını ekleyin ve sos berraklaşıp koyulaşana kadar karıştırarak pişirin.

Izgara Kaburga

4 kişi için

3 diş sarımsak, ezilmiş

75 ml / 5 yemek kaşığı soya sosu

60 ml / 4 yemek kaşığı kuru üzüm sosu

60 ml / 4 yemek kaşığı pirinç şarabı veya sek şeri

45 ml / 3 yemek kaşığı esmer şeker

30 ml / 2 yemek kaşığı domates püresi (salça)

900g/2lb domuz kaburga

15 ml / 1 yemek kaşığı bal

Sarımsak, soya sosu, kuru üzüm sosu, şarap veya şeri, esmer şeker ve domates püresini karıştırın, kaburgaların üzerine dökün, üzerini örtün ve gece boyunca marine etmeye bırakın.

Kaburgaları boşaltın ve altlarında biraz su bulunan bir kızartma tavasındaki rafa yerleştirin. Önceden ısıtılmış fırında 180°C/350°F/gaz işareti 4'te 45 dakika kızartın, ara sıra üzerine marinat sürün ve 30ml/2 yemek kaşığı marinat ayırın. Ayrılmış turşuyu balla karıştırın ve kaburgaların üzerine fırçalayın. Yaklaşık 10 dakika boyunca sıcak bir ızgara altında ızgara yapın veya kızartın (kavurun).

Kavrulmuş Akçaağaç Kaburga

4 kişi için

900g/2lb domuz kaburga

60 ml / 4 yemek kaşığı akçaağaç şurubu

5 ml / 1 çay kaşığı tuz

5 ml / 1 çay kaşığı şeker

45 ml / 3 yemek kaşığı soya sosu

15 ml / 1 yemek kaşığı pirinç şarabı veya sek şeri

1 diş ezilmiş sarımsak

Domuz kaburgalarını 5cm/2 parçaya bölün ve bir kaseye koyun. Tüm malzemeleri karıştırın, kaburgaları ekleyin ve iyice karıştırın. Örtün ve gece boyunca marine etmeye bırakın. Yaklaşık 30 dakika boyunca orta ateşte kızartın (kızartın) veya ızgara yapın.

Kızartılmış domuz kaburga

4 kişi için

900g/2lb domuz kaburga

120 ml / 4 fl oz / ½ bardak domates sosu (ketçap)

120 ml / 4 fl oz / ½ bardak şarap sirkesi

60 ml / 4 yemek kaşığı mango turşusu

45 ml / 3 yemek kaşığı pirinç şarabı veya sek şeri

2 diş sarımsak, kıyılmış

5 ml / 1 çay kaşığı tuz

45 ml / 3 yemek kaşığı soya sosu

30 ml / 2 yemek kaşığı bal

15 ml / 1 yemek kaşığı hafif köri tozu

15 ml / 1 yemek kaşığı kırmızı biber

kızartmalık yağ

60 ml / 4 yemek kaşığı doğranmış frenk soğanı

Domuz kaburgalarını bir kaseye yerleştirin. Yağ ve frenk soğanı dışındaki tüm malzemeleri karıştırın, kaburgaların üzerine dökün, üzerini örtün ve en az 1 saat marine etmeye bırakın. Yağı ısıtın ve kaburgaları çıtır çıtır olana kadar kızartın. Frenk soğanı serperek servis yapın.

Pırasalı Kaburga

4 kişi için

450g / 1lb domuz kaburga

kızartmalık yağ

250 ml / 8 fl oz / 1 su bardağı et suyu

30 ml / 2 yemek kaşığı domates sosu (ketçap)

2,5 ml / ½ çay kaşığı tuz

2,5 ml / ½ çay kaşığı şeker

2 pırasa, parçalar halinde kesilmiş

6 yeşil soğan (yeşil soğan), parçalar halinde kesilmiş

50g/2oz brokoli çiçeği

5 ml / 1 çay kaşığı susam yağı

Domuz kaburgalarını 5cm/2 parçaya bölün, yağı ısıtın ve kaburgaları kahverengileşene kadar kızartın. Tavadan çıkarın ve 30 ml/2 yemek kaşığı yağ dışında tamamını dökün. Et suyunu, domates sosunu, tuzu ve şekeri ekleyip kaynatın ve 1 dakika pişirin. Kaburgaları tekrar tavaya alın ve yumuşayana kadar yaklaşık 20 dakika pişirin.

Bu arada 30 ml/2 yemek kaşığı yağı daha ısıtın ve pırasayı, taze soğanı ve brokoliyi yaklaşık 5 dakika kızartın. Üzerine susam yağı serpip sıcak servis tabağına dizin. Ortasına kaburgaları ve sosu döküp servis yapın.

4 ila 6 porsiyon için

6 adet kurutulmuş Çin mantarı

900g/2lb domuz kaburga

2 diş yıldız anason

45 ml / 3 yemek kaşığı soya sosu

5 ml / 1 çay kaşığı tuz

15 ml / 1 yemek kaşığı mısır unu (mısır nişastası)

Mantarları ılık suda 30 dakika bekletin ve ardından süzün. Sapları atın ve üst kısımlarını kesin. Domuz kaburgalarını 5cm/2 parçaya bölün, bir tencerede suyu kaynatın, kaburgaları ekleyin ve 15 dakika pişirin. İyice boşaltın. Kaburgaları tavaya geri koyun ve üzerini soğuk suyla örtün. Mantarları, yıldız anasonu, soya sosunu ve tuzu ekleyin. Kaynatın, kapağını kapatın ve etler yumuşayana kadar yaklaşık 45 dakika pişirin. Mısır ununu biraz soğuk suyla karıştırın, tavaya alın ve kısık ateşte, sos berraklaşıp koyulaşana kadar karıştırarak pişirin.

Portakallı Kaburga

4 kişi için

900g/2lb domuz kaburga

5 ml / 1 çay kaşığı rendelenmiş peynir

5 ml / 1 çay kaşığı mısır unu (mısır nişastası)

45 ml / 3 yemek kaşığı pirinç şarabı veya sek şeri

tuz

kızartmalık yağ

15 ml / 1 yemek kaşığı su

2,5 ml / ½ çay kaşığı şeker

15 ml / 1 yemek kaşığı domates püresi (salça)

2,5 ml / ½ çay kaşığı biber sosu

1 portakalın rendelenmiş kabuğu

1 portakal dilimlenmiş

Domuz kaburgalarını parçalara ayırın ve peynir, mısır nişastası, 5 ml/1 çay kaşığı şarap veya şeri ve bir tutam tuzla karıştırın. 30 dakika kadar maserasyona bırakın. Yağı ısıtın ve kaburgaları altın rengi kahverengi olana kadar yaklaşık 3 dakika kızartın. 15ml/1 yemek kaşığı yağı bir wok içinde ısıtın, su, şeker, domates püresi, biber sosu, portakal kabuğu rendesi ve geri kalan şarap veya şeri ekleyin ve kısık ateşte 2 dakika karıştırın. Domuz eti ekleyin ve iyice kaplanana kadar karıştırın. Sıcak servis tabağına alıp portakal dilimleriyle süsleyerek servis yapın.

Ananas Kaburga

4 kişi için

900g/2lb domuz kaburga

600 ml / 1 pt / 2½ su bardağı su

30 ml / 2 yemek kaşığı fıstık yağı

2 diş sarımsak ince doğranmış

Meyve suyunda 200g/7oz konserve ananas parçaları

120 ml / 4 fl oz / ½ su bardağı tavuk suyu

60 ml / 4 yemek kaşığı şarap sirkesi

50 g / 2 oz / ¼ bardak esmer şeker

15 ml / 1 yemek kaşığı soya sosu

15 ml / 1 yemek kaşığı mısır unu (mısır nişastası)

3 yeşil soğan (yeşil soğan), doğranmış

Eti ve suyu bir tencereye koyun, kaynatın, kapağını kapatın ve 20 dakika pişirin. İyice boşaltın.

Yağı ısıtın ve sarımsakları hafif altın rengi olana kadar kızartın. Kaburgaları ekleyin ve yağla iyice kaplanana kadar soteleyin. Ananas parçalarını boşaltın ve et suyu, şarap sirkesi, şeker ve soya sosuyla birlikte 120 ml / 4 fl oz / ½ bardak suyunu tavaya ekleyin. Kaynatın, örtün ve 10 dakika pişirin. Süzülmüş ananası ekleyin. Mısır ununu biraz suyla karıştırın, sosun içine karıştırın ve kısık ateşte, sos berraklaşıp koyulaşana kadar karıştırarak pişirin. Frenk soğanı serperek servis yapın.

4 kişi için

900g/2lb domuz kaburga

450 gr / 1 pound soyulmuş karides

5 ml / 1 çay kaşığı şeker

tuz ve taze çekilmiş karabiber

30 ml / 2 yemek kaşığı sade un (çok amaçlı)

1 yumurta, hafifçe çırpılmış

100 gr/4 oz galeta unu

kızartmalık yağ

Domuz kaburgalarını 5cm/2 parçaya bölün, etin bir kısmını kesin ve karides, şeker, tuz ve karabiberle birlikte doğrayın. Karışımı yapışkan hale getirmek için unu ve yeterli yumurtayı ekleyin. Domuz kaburga parçalarının etrafına bastırın ve ardından ekmek kırıntılarını serpin. Yağı ısıtın ve kaburgaları yüzeye çıkana kadar kızartın. İyice süzün ve sıcak olarak servis yapın.

Pirinç Şarabıyla Kaburga

4 kişi için

900g/2lb domuz kaburga

450 ml / ¾ pt / 2 su bardağı su

60 ml / 4 yemek kaşığı soya sosu

5 ml / 1 çay kaşığı tuz

30 ml / 2 yemek kaşığı pirinç şarabı

5 ml / 1 çay kaşığı şeker

Kaburgaları 1/2,5 cm'lik parçalar halinde kesin, su, soya sosu ve tuzla birlikte bir tencereye koyun, kaynatın, kapağını kapatın ve kısık ateşte 1 saat pişirin. İyice boşaltın. Kızartma tavasını ısıtın ve kaburgaları, pirinç şarabını ve şekeri ekleyin. Sıvı buharlaşana kadar yüksek ateşte kızartın.

Susamlı Kaburga

4 kişi için

900g/2lb domuz kaburga

1 yumurta

30 ml / 2 yemek kaşığı sade un (çok amaçlı)

5 ml / 1 çay kaşığı patates unu

45 ml / 3 yemek kaşığı su

kızartmalık yağ

30 ml / 2 yemek kaşığı fıstık yağı

30 ml / 2 yemek kaşığı domates sosu (ketçap)

30 ml / 2 yemek kaşığı esmer şeker

10 ml / 2 çay kaşığı şarap sirkesi

45 ml / 3 yemek kaşığı susam

4 marul yaprağı

Domuz kaburgalarını 4/10 cm'lik parçalar halinde doğrayın ve bir kaseye koyun. Yumurtayı un, patates unu ve suyla karıştırıp kaburgalara ekleyin ve 4 saat dinlendirin.

Yağı ısıtın ve domuz kaburgalarını altın rengi olana kadar kızartın, çıkarın ve süzün. Yağı ısıtın ve domates sosunu, esmer şekeri, şarap sirkesini birkaç dakika kızartın. Domuz kaburgalarını ekleyin ve tamamen kaplanana kadar soteleyin. Susam serpin ve 1 dakika kızartın. Marul yapraklarını sıcak bir servis tabağına yerleştirin, üzerine kaburgaları ekleyin ve servis yapın.

Tatlı ve Yumuşak Spaneribs

4 kişi için

900g/2lb domuz kaburga

600 ml / 1 pt / 2½ su bardağı su

30 ml / 2 yemek kaşığı fıstık yağı

2 diş sarımsak, ezilmiş

5 ml / 1 çay kaşığı tuz

100 g / 4 oz / ½ bardak esmer şeker

75 ml / 5 yemek kaşığı tavuk suyu

60 ml / 4 yemek kaşığı şarap sirkesi

Şurup içinde 100g/4oz konserve ananas parçaları

15 ml / 1 yemek kaşığı domates püresi (salça)

15 ml / 1 yemek kaşığı soya sosu

15 ml / 1 yemek kaşığı mısır unu (mısır nişastası)

30 ml / 2 yemek kaşığı kurutulmuş hindistan cevizi

Eti ve suyu bir tencereye koyun, kaynatın, kapağını kapatın ve 20 dakika pişirin. İyice boşaltın.

Yağı ısıtın ve kaburgaları sarımsak ve tuzla altın rengi kahverengi olana kadar kızartın. Şekeri, et suyunu ve şarap sirkesini ekleyip kaynatın. Ananası boşaltın ve domates püresi, soya sosu ve mısır nişastasıyla birlikte tavaya 30 ml / 2 yemek kaşığı şurup ekleyin. İyice karıştırın ve sos berraklaşıp koyulaşana kadar kısık ateşte karıştırarak pişirin. Ananası ekleyin, 3 dakika pişirin ve üzerine hindistan cevizi serperek servis yapın.

Sotelenmiş Kaburga

4 kişi için

900g/2lb domuz kaburga

1 çırpılmış yumurta

5 ml / 1 çay kaşığı soya sosu

5 ml / 1 çay kaşığı tuz

10 ml / 2 çay kaşığı mısır unu (mısır nişastası)

10 ml / 2 çay kaşığı şeker

60 ml / 4 yemek kaşığı fıstık yağı

250 ml / 8 fl oz / 1 bardak şarap sirkesi

250 ml / 8 fl oz / 1 su bardağı su

250 ml / 8 fl oz / 1 bardak pirinç şarabı veya sek şeri

Domuz kaburgalarını bir kaseye yerleştirin. Yumurtayı soya sosu, tuz, mısır nişastasının yarısı ve şekerin yarısı ile karıştırıp kaburgalara ekleyin ve iyice karıştırın. Yağı ısıtın ve domuz kaburgalarını altın rengi kahverengi olana kadar kızartın. Geri kalan malzemeleri ekleyin, kaynatın ve sıvı neredeyse buharlaşana kadar pişirin.

4 kişi için

900g/2lb domuz kaburga

75 ml / 5 yemek kaşığı soya sosu

30 ml / 2 yemek kaşığı pirinç şarabı veya sek şeri

2 çırpılmış yumurta

45 ml / 3 yemek kaşığı mısır unu (mısır nişastası)

kızartmalık yağ

45 ml / 3 yemek kaşığı fıstık (yer fıstığı) yağı

1 soğan, ince dilimlenmiş

250 ml / 8 fl oz / 1 su bardağı tavuk suyu

60 ml / 4 yemek kaşığı domates sosu (ketçap)

10 ml / 2 çay kaşığı esmer şeker

Domuz kaburgalarını 2,5 cm'lik parçalar halinde kesin. 60 ml/4 yemek kaşığı soya sosu ve şarap veya şeri ile karıştırın ve ara sıra karıştırarak 1 saat marine etmeye bırakın. Süzün, turşuyu atın. Kaburgaları yumurtaya ve ardından mısır unu ile kaplayın. Yağı ısıtın ve kaburgaları birer birer, altın rengi kahverengi olana kadar kızartın. İyice boşaltın. Fıstık yağını ısıtın ve soğanı yarı saydam olana kadar kızartın. Et suyunu, kalan soya sosunu, domates sosunu ve esmer şekeri ekleyin ve karıştırarak 1 dakika pişirin. Kaburgaları ekleyin ve 10 dakika pişirin.

Izgara domuz

4 ila 6 porsiyon için

1,25 kg / 3 lb kemiksiz domuz omuzu

2 diş sarımsak, ezilmiş

2 yeşil soğan (soğan), doğranmış

250 ml / 8 fl oz / 1 su bardağı soya sosu

120 ml / 4 fl oz / ½ bardak pirinç şarabı veya sek şeri

100 g / 4 oz / ½ bardak esmer şeker

5 ml / 1 çay kaşığı tuz

Domuz eti bir kaseye koyun. Geri kalan malzemeleri karıştırın, domuz etinin üzerine dökün, üzerini örtün ve 3 saat marine etmeye bırakın. Domuz eti ve turşuyu bir kızartma tavasına aktarın ve önceden ısıtılmış fırında 200°C/400°F/gaz işareti 6'da 10 dakika kızartın. Domuz eti pişene kadar sıcaklığı 1¾ saat süreyle 160°C/325°F/gaz işareti 3'e düşürün.

Hardallı Soğuk Domuz Eti

4 kişi için

1 kg / 2 lb kemiksiz domuz rostosu

250 ml / 8 fl oz / 1 su bardağı soya sosu

120 ml / 4 fl oz / ½ bardak pirinç şarabı veya sek şeri

100 g / 4 oz / ½ bardak esmer şeker

3 yeşil soğan (yeşil soğan), doğranmış

5 ml / 1 çay kaşığı tuz

30 ml / 2 yemek kaşığı hardal tozu

Domuz eti bir kaseye koyun. Hardal hariç kalan tüm malzemeleri karıştırın ve domuz etinin üzerine dökün. Sık sık bastırarak en az 2 saat marine edin. Kızartma tavasını alüminyum folyo ile kaplayın ve domuz etini tavadaki bir rafa yerleştirin. Önceden ısıtılmış fırında 200°C/400°F/gaz işareti 6'da 10 dakika kızartın, ardından domuz eti yumuşayana kadar sıcaklığı 1¾ saat daha 160°C/325°F/gaz işareti 3'e düşürün. Soğumaya bırakın ve daha sonra buzdolabında soğutun. Çok ince dilimler halinde kesin. Domuz etiyle birlikte servis etmek üzere kremsi bir macun elde etmek için hardal tozunu yeterli suyla karıştırın.

6 için

1,25 kg domuz eti, kalın dilimlenmiş

2 diş sarımsak ince doğranmış

30 ml / 2 yemek kaşığı pirinç şarabı veya sek şeri

15 ml / 1 yemek kaşığı esmer şeker

15 ml / 1 yemek kaşığı bal

90 ml / 6 yemek kaşığı soya sosu

2,5 ml / ½ çay kaşığı beş baharat tozu

Domuz eti sığ bir tabağa koyun. Kalan malzemeleri karıştırın, domuz etinin üzerine dökün, üzerini örtün ve gece boyunca buzdolabında marine edin, ara sıra çevirip bastırın.

Domuz eti dilimlerini, biraz suyla doldurulmuş bir kızartma tavasındaki rafa yerleştirin ve turşuyu iyice gezdirin. Domuz eti pişene kadar önceden ısıtılmış fırında 180°C/350°F/gaz işareti 5'te yaklaşık 1 saat, ara sıra hafifçe bastırarak kızartın.

6'dan 8'e kadar hizmet verir

30 ml / 2 yemek kaşığı fıstık yağı

1,25 kg / 3 lb domuz filetosu

250 ml / 8 fl oz / 1 su bardağı tavuk suyu

15 ml / 1 yemek kaşığı esmer şeker

60 ml / 4 yemek kaşığı soya sosu

900g/2lb ıspanak

Yağı ısıtın ve domuz etinin her tarafını kızartın. Yağın çoğunu ortadan kaldırır. Et suyunu, şekeri ve soya sosunu ekleyin, kaynatın, üzerini örtün ve domuz eti pişene kadar yaklaşık 2 saat pişirin. Eti tavadan çıkarın ve biraz soğumasını bekleyin, ardından kesin. Ispanakları tavaya ekleyin ve kısık ateşte, hafif karıştırarak suyunu çekene kadar pişirin. Ispanakları süzüp sıcak servis tabağına alın. Üzerine domuz eti dilimlerini koyup servis yapın.

kızarmış domuz topları

4 kişi için

450g/1lb kıyılmış domuz eti (öğütülmüş)
1 dilim zencefil kökü, doğranmış
15 ml / 1 yemek kaşığı mısır unu (mısır nişastası)
15 ml / 1 yemek kaşığı su
2,5 ml / ½ çay kaşığı tuz
10 ml / 2 çay kaşığı soya sosu
kızartmalık yağ

Domuz eti ve zencefili karıştırın. Mısır unu, su, tuz ve soya sosunu karıştırın, ardından karışımı domuz etine ekleyin ve iyice karıştırın. Ceviz büyüklüğünde toplar haline getirin. Yağı ısıtın ve köfteleri yağın yüzeyine çıkana kadar kızartın. Yağdan çıkarın ve tekrar ısıtın. Domuz eti tekrar tavaya alın ve 1 dakika kızartın. İyice boşaltın.

4 kişi için

30 ml / 2 yemek kaşığı fıstık yağı

225g/8oz kıyılmış domuz eti (öğütülmüş)

225g/8oz karides

100g/4oz Çin yaprağı, rendelenmiş

100g/4oz bambu filizleri, şeritler halinde kesilmiş

100 gr su kestanesi, şeritler halinde kesilmiş

10 ml / 2 çay kaşığı soya sosu

5 ml / 1 çay kaşığı tuz

5 ml / 1 çay kaşığı şeker

3 yeşil soğan (soğan), ince doğranmış

8 adet yumurta kabuğu

kızartmalık yağ

Yağı ısıtın ve eti kızarana kadar kızartın. Karidesleri ekleyin ve 1 dakika kızartın. Çin yapraklarını, bambu filizlerini, kestaneleri, soya sosunu, tuzu ve şekeri ekleyip 1 dakika karıştırarak kavurun, ardından kapağını kapatıp 5 dakika pişirin. Yeşil soğanları ekleyin, bir kevgir haline getirin ve süzülmesine izin verin.

Her bir yumurta rulosunun derisinin ortasına dolgu karışımından birkaç yemek kaşığı koyun, altını katlayın, yanlarını katlayın ve ardından dolguyu çevreleyerek yuvarlayın. Kenarını biraz un ve su karışımıyla kapatın ve 30 dakika kurumasını bekleyin. Yağı ısıtın ve yumurta rulolarını gevrek ve altın rengi olana kadar yaklaşık 10 dakika kızartın. Servis yapmadan önce iyice süzün.

4 kişi için

450g/1lb kıyılmış domuz eti (öğütülmüş)
5 ml / 1 çay kaşığı mısır unu (mısır nişastası)
2,5 ml / ½ çay kaşığı tuz
10 ml / 2 çay kaşığı soya sosu

Domuz etini diğer malzemelerle karıştırın ve karışımı fırına dayanıklı sığ bir tabağa yayın. Kaynayan suyun üzerinde bir buharlayıcıya koyun ve pişene kadar yaklaşık 30 dakika buharda pişirin. Sıcak servis yapın.

Yengeç Etli Kızarmış Domuz Eti

4 kişi için

225g yengeç eti, kuşbaşı edilmiş

100 gr doğranmış mantar

100g/4oz bambu filizleri, doğranmış

5 ml / 1 çay kaşığı mısır unu (mısır nişastası)

2,5 ml / ½ çay kaşığı tuz

225g/8oz pişmiş domuz eti, dilimlenmiş

1 yumurta beyazı, hafifçe çırpılmış

kızartmalık yağ

15 ml / 1 yemek kaşığı doğranmış taze düz yapraklı maydanoz

Yengeç etini, mantarları, bambu filizlerini, mısır ununun çoğunu ve tuzu karıştırın. Eti 5 cm'lik kareler halinde kesin. Yengeç eti karışımıyla sandviç yapın. Yumurta beyazı ile kaplayın. Yağı ısıtın ve sandviçleri altın kahverengi olana kadar azar azar kızartın. İyice boşaltın. Maydanoz serperek servis yapın.

Fasulye filizi ile domuz eti

4 kişi için

30 ml / 2 yemek kaşığı fıstık yağı

2,5 ml / ½ çay kaşığı tuz

2 diş sarımsak, ezilmiş

450 gr/1 lb fasulye filizi

225g/8oz pişmiş domuz eti, küp şeklinde

120 ml / 4 fl oz / ½ su bardağı tavuk suyu

15 ml / 1 yemek kaşığı soya sosu

15 ml / 1 yemek kaşığı pirinç şarabı veya sek şeri

5 ml / 1 çay kaşığı şeker

15 ml / 1 yemek kaşığı mısır unu (mısır nişastası)

2,5 ml / ½ çay kaşığı susam yağı

3 yeşil soğan (yeşil soğan), doğranmış

Yağı ısıtın ve tuzu ve sarımsağı hafif altın rengi olana kadar kızartın. Fasulye filizlerini ve domuz etini ekleyip 2 dakika soteleyin. Et suyunun yarısını ekleyin, kaynatın, üzerini örtün ve 3 dakika pişirin. Kalan suyu diğer malzemelerle karıştırın, tavaya karıştırın, tekrar kaynatın ve karıştırarak 4 dakika pişirin. Frenk soğanı serperek servis yapın.